Klaus G. Förg

Traumreise durch NAMIBIA

Für Patricia

Klaus G. Förg

Traumreise durch NAMIBIA

Texte von Maria Pernat

rosenheimer

CAPRIVI-ZIPFEL
Okavango
Nyangana
ANGOLA
Kunene
Okavango
Rundu
Nyangana
Hartmanns-
tal
Flusstal
Marien-
Otjitanda
SKELETTKÜSTE
Red
Drum
Van Zyl's Pass
Opuwo
KAOKOVELD
Purros
Sesfontein
Ombili-Stiftung
Riesenbaobabbaum
ETOSHA NAT. PARK
Namutoni
Tsumeb
Okaukuejo
Grootfontein
Otavi
Hoba Meteorit
Kamanjab
Grootberg
Palmwag
Outjo
Waterberg-
plateau
Otjiwarongo
Twyfelfontein
Brandberg
Uis
ERONGO
Spitzkoppe
Philips Höhle
Cape Cross
Okahandja
Usakos
Wlotzkasbaken
Windhoek
Swakopmund
Welwitschia
Mondlandschaft
Walvis Bay
Kuiseb
Kupferberg Pass

Brandberg
Uis
ERONGO
Spitzkoppe
Philips Höhle
Cape Cross
Okahandja
Usakos
Wlotzkasbaken
Windhoek
Swakopmund
Welwitschia
Mondlandschaft
Walvis Bay
Kuiseb
Kupferberg Pass
Kuiseb
Pass
Rehoboth
Gaub
Pass
NAMIB-NAUKLUFT PARK
Solitaire
Remhoogte
Pass
Sesriem
Canyon
Sossusvlei
Maltahöhe
Mariental
Burgsdorf
Schloss Duwisib
BOTSWANA
Lüderitz
Aus
Keetmanshoop
Kolmannskuppe
DIAMANTENGEBIET
Orange
250 km
SÜDAFRIKA

INHALT

Links: Missionierung und Kolonialisierung haben das Leben der meisten Namibier verändert. Nur die Himba haben ihr Brauchtum bewahrt.

EINLEITUNG

Namibia entdecken

Dunkelblauer Himmel wölbt sich tief über die ockerbraune Erde, Wattebauschwolken schweben zum Greifen nah darüber, Sandwirbel irrlichtern über karges, wüstes Veld, und nach einem Regen schmücken sich Dornbüsche und hartes Gras mit gelben und rosafarbenen Blüten. Langbeinige Käfer malen Raupenspuren in jungfräuliche Sanddünen, nach Feuchtigkeit dürstend strecken Oryx-Antilopen ihre graubraunen Flanken dem Atlantikwind entgegen, Schakale jaulen ein Jagdkonzert in die Abenddämmerung. Namibia ist ein Land, das nur aus ungezähmter Natur zu bestehen scheint, und sein schönstes Gesicht zeigt es, wenn die Sonne hinter diesem unendlichen Nichts aus Salzpfannen, Sanddünen oder Felslabyrinthen versinkt und den Horizont entflammt. Es ist die Stunde des »Sundowners«, wie die weißen Einheimischen sie nennen, Zeit fürs erste Bier nach getanem Tagwerk. Auch für die schwarzen Namibier vom Volk der Nama ist dies eine magische Zeit, sie verheißt Jagdglück. Denn die Nama erklären sich das Schauspiel so: Die Sonne wird hinterm Horizont von besonders talentierten Jägern erlegt, und es ist ihr Blut, das den Himmel färbt.

Links: In freier Wildbahn sind Geparde durch Abschuss bedroht. Viele Namibier engagieren sich für den Schutz der eleganten Raubkatzen und ziehen verletzte Tiere auf.

Die Namib, die parallel zur Atlantikküste den Westen Namibias von Süd nach Nord bedeckt und in eine lebensfeindliche Einöde verwandelt, gilt als eine der ältesten Wüsten der Welt. Sicher lebten die Ureinwohner des südlichen Afrika, die San oder Buschmänner, wie sie oft genannt werden, auch in den Randbereichen der Namib, aber sie wagten sich nicht weit hinein, denn diese Wüste besaß keine Oasen und kein Wasser. Nur wenn nach starkem Regen die Flüsse abkamen, wenn also Wasser floss in den sonst trockenen *rivieren,* war Leben in der Namib möglich. In dieser unwirtlichen Wüste verbirgt sich mit der Dünenwelt um Sossusvlei und Dead Vlei einer der Höhepunkte jeder Namibia-Reise mit über 350 Meter hohen Wellen aus feinem, goldenen Sand.

Nach Osten zu endet der rund 120 Kilometer breite Streifen der Namib an der Großen Randstufe, die ein 1200 bis 1800 Meter hohes Plateau begrenzt. In Zentralnamibia ist diese Randstufe tatsächlich ein scharfer Felsabfall, der auf steilen Passstraßen überwunden werden muss; weiter nördlich und südlich zergliedert sie zu einer Gebirgslandschaft mit teils sanften, teils steilen Übergängen. Auch das Kaokoveld, die wohl unberührteste und archaischste Region Namibias, ist Teil des Escarpments. Hier leben die Halbnomaden der Himba mit ihren Rinderherden. Obwohl ihre Heimat völlig unwegsam und abgeschieden ist, wird sie immer häufiger von

Reisegruppen besucht. Nicht nur die Kultur der Himba, auch die in den tief eingeschnittenen Flusstälern lebenden Wüstenelefanten zählen zu den großen touristischen Attraktionen im Nordwesten.

Namibias zentrales Hochland ist Farmer-Land. Die Zäune der teils mehrere zehntausend Hektar umfassenden Güter begleiten jede Straße, jede *pad,* wie man in Namibia sagt, links und rechts auf Hunderten von Kilometern Länge. Dabei sieht das Land hier nicht wesentlich fruchtbarer aus als in der Wüste, es ist Dornbuschsavanne, weiter im Norden dann, wo dank besseren Regens die schmetterlingsblättrigen Mopanebäume wachsen, etwas lieblicher und grüner. 30 Hektar Weidefläche braucht ein Rind im südlichen Hochland, 15 Hektar im Norden, wo die Nahrung besser ist. Großgrundbesitzer sind viele der zumeist weißen Farmer also nur auf dem Papier; tatsächlich schlagen sie sich mehr schlecht als recht durch.

Farmland bedeutet in Namibia nicht, dass es kein Wild gäbe – normale Zäune können Antilopen, Warzenschweine, Schakale oder auch größere Jäger wie Geparde und Leoparden nicht daran hindern, ihren alten Wechseln zu folgen. Um Großwild wie Elefanten oder Nashörner zu sehen, muss der Reisende allerdings den Etoscha-Nationalpark besuchen, eine Savannenlandschaft um eine große Salzpfanne, in der nach der Regenzeit Wasser steht. Der Wildreichtum ist immens, Giraffen, Zebras, Gnus, Kudus und Springböcke, Oryx- und Eland-Antilopen grasen friedlich um die Wasserstellen, Elefantenherden und Nashornfamilien kommen zu den Tränken, Löwen beobachten träge, wie ihre potentiellen Opfer vorüberziehen.

Am Ostrand der Etosha-Pfanne steht mit Fort Namutoni eine der vielen Erinnerungen an die deutsche Kolonialepoche Namibias. Von 1884 bis 1915 war Südwestafrika dem deutschen Kaiser untertan; danach übernahmen Südafrikaner bis 1991 die Verwaltung, setzten die Apartheidsgesetze durch und wiesen Homelands für die schwarzen »Eingeborenen« aus. Eines davon war der Lebensraum der Ovambo nördlich von Etoscha, ein anderes der Caprivi-Strip im Osten: Hier prägt das Grün dichter Galeriewälder die Landschaft, Rundhüttendörfer verstecken sich hinter geflochtenen Zäunen; auf bunten Märkten gibt es eine große Auswahl an Früchten und Gemüse, die Städte sind staubig, quirlig und afrikanisch, ganz anders als die ruhigen Kolonialperlen Swakopmund oder Lüderitz am Atlantik.

Jede Namibia-Reise beginnt in Windhoek, der modernen Hauptstadt mit ihrer Alten Feste und den romantischen Schlösschen an der Peripherie. Hier wird die Reiseausrüstung ergänzt und Proviant geladen, bevor es hinausgeht in die raue, aber ungleich spannendere Welt des Buschveld und der Wüsten.

Unsere Reiseroute ist so gewählt, dass man innerhalb von drei Wochen alle wichtigen Punkte Namibias gesehen und einen runden Eindruck von diesem Land erhalten hat. Aus Zeitgründen haben wir auf einige wenige der bekannten Ziele verzichtet, da man etwa für einen Blick auf den Fishriver Canyon eine Fahrt von vielen hundert Kilometern zusätzlich in Kauf nehmen muss. Doch die Route soll interessant und machbar sein. Wer eine zusätzliche Woche einplanen kann, bereitet eine kleine Expedition zu den Himba vor. Bleibt nur, gute Fahrt zu wünschen: *Gut Pad!*

VON WINDHOEK NACH LÜDERITZ

Auf den Spuren deutscher Geschichte

Namibias Hauptstadt mit ihren breiten Avenuen, den Einkaufspassagen zwischen postmoderner Architektur, den alten Kolonialhäuschen und der ziegelroten Christuskirche von der Hand wilhelminischer Baumeister ist hübsch, aber kein Reisender bleibt hier länger als nötig. Denn die meisten kommen ja, um Namibias Nationalparks und Naturwunder zu sehen. Auch wir haben in Windhoek nur unsere Einkäufe erledigt, Reiseausrüstung und Kleidung sind hier deutlich preiswerter als in Deutschland. Bei der Nationalparkverwaltung haben wir die Übernachtungen in den Restcamps reserviert und schließlich in der Luisen-Apotheke vorbeigeschaut, um uns über das Malariarisiko im Norden zu informieren. Denn die Ärzte und Apotheker vor Ort wissen am besten, ob und welche Prophylaxe nötig ist.

Früh am Morgen werden Gepäck und Proviant ins Auto geladen, und es geht durch die schlafende Stadt, an Villenvororten vorbei, die mit Stacheldraht und Elektrozäunen gesichert sind wie kleine Festungen. Dies ist ein anderes Gesicht des provinziellen Windhoek. Arbeitslosigkeit und der Zustrom von Flüchtlingen aus den Nachbarländern Angola und Zimbabwe haben die Kriminalitätsraten ansteigen lassen, und die staatlichen Ordnungshüter werden ihrer nicht Herr. Die Wohlhabenden bestellen Wachdienste, verschanzen sich und klagen; ärmere Mitbürger hingegen, vor allem jene in den ehemaligen Townships Katutura und Khomasdal, sind den Überfällen nahezu schutzlos ausgeliefert.

Ziel unserer ersten Reiseetappe ist die Hafenstadt Lüderitz, ganz im Süden Namibias am Atlantik gelegen. Wir haben nicht den direkten, schnellen Weg über die B 1 gewählt, sondern tuckern gemächlich auf den schmalen Asphaltbändern der C 26 und C 14 auf den Abbruch der Großen Randstufe zu und halten dann nach Süden. Ein Pass folgt auf dieser Strecke dem nächsten. Es ist anstrengend, aber jede Kurve eröffnet neue Panoramen über das weite Land. Noch hat die Sonne kaum Kraft, Tautropfen glitzern auf den strohgelben Grasbüscheln, und die Luft ist frisch und von durchsichtigem Blau. Auf dem Kupferbergpass quert eine Paviahorde kreischend mit Kind und Kegel die Straße, dann sind wir wieder allein und lesen die Schilder, die alle zehn, zwanzig Kilometer zu Farmen mit deutschen Namen weisen. Wie die Farmen wurden auch die Orte auf dieser Route von deutschen Siedlern gegründet: Maltahöhe, ein kleines, verschlafenes Landstädtchen, ist benannt nach Martha von Burgsdorf, der Gattin eines Kolonialoffiziers, der nicht weit von Maltahöhe ab 1896 eine Polizeistation führte. Einheimische konnten den Namen Martha nicht richtig aussprechen, so wurde daraus Malta. Der Posten dient heute als Gästefarm und wird unser erster Übernachtungsstopp. Unsere Gastgeber sind erst

Windhoek

Die Gründung Windhoeks geht auf das legendäre Nama-Oberhaupt *Jan Jonker Afrikaner* zurück: Er ließ sich hier 1857 nieder und nutzte den Ort als Basis für seine Eroberungszüge in das Ovamboland. Die Siedlung nannte er *Winterhoek* (»Winterecke/Winterquartier«), nach einer burischen Farm im südafrikanischen Kapland, wo er geboren wurde und aufwuchs. Aus *Winterhoek* entstand später Windhoek, »windige Ecke«, ein Name, den die Stadt sicher nicht verdient, da sie von schützenden Bergen umgeben ist. Der eingedeutschte Name lautete einst *Windhuk*.

Curt von François wurde von Reichskanzler Bismarck entsandt.

Bereits in den Jahren 1841 bis 1844 hatten englische und deutsche Missionare Stationen in der Region gegründet; davor noch bestand eine Nama-Ansiedlung namens *Aigams* (»heißes Wasser«), benannt nach den warmen Quellen, die hier aus dem Boden sprudelten. »Offiziell« entdeckt wurden die Quellen im Jahr 1836 durch den Landvermesser und Forscher *Sir James Alexander,* der im Auftrag der britischen Regierung das Land bereiste. Die Deutschen nahmen am 18. Oktober 1890 unter Major *Curt von François* Windhoek in Besitz und legten noch im gleichen Jahr den Grundstein zum Bau der Alten Feste. Damals hatte die Stadt 190 weiße Einwohner, im Jahr 1900 waren es schon 572 und bei der Volkszählung von 1909 bereits 1462. Zu Beginn des Ersten Weltkrieges lebten etwa 2000 Weiße in der Stadt.

Jan Jonker Afrikaner blieb bis 1880 in Windhoek.

Ein alter Prospekt aus den 1930er Jahren beschreibt Windhoek als berühmt für seine heißen Quellen, welche die Stadt mit kostenlosem Warmwasser versorgte, und als gastlich, ausgestattet mit einer Reihe guter Hotels (und einladenden Namen wie »Großherzog«, »Rheinischer Hof«, »Kaiserkrone« und »Thüringer Hof«). Die Stadtchronik lässt alte »Südwester« noch heute sentimental werden, wenn sie etwa lesen, dass 1894 die erste Schule eröffnet wurde. Im Jahr 1898 erschien die erste Zeitung, 1901 eröffnete der erste Arzt seine Privatpraxis, und 1902 erreichte die Bahnlinie aus Swakopmund die Stadt.

Wenn auch die Apartheid in Namibia nicht so strikt gehandhabt wurde wie beim südafrikanischen Nachbarn, blieb Windhoek bis zur Unabhängigkeit doch eine Stadt der Weißen. Erst zu Beginn der 90er Jahre des 20. Jahrhunderts begann die Aufteilung der Viertel in weiße, farbige und schwarze Wohngebiete aufzuweichen, und Windhoek wurde zu einer multikulturellen Metropole.

nach der Unabhängigkeit nach Namibia gekommen, um »Burgsdorf« zu übernehmen. Beim delikaten Abendessen mit gegrillten Kudusteaks und Kürbisgemüse sowie einem atemberaubenden Sonnenuntergang über der Namib erfahren wir von den beiden eine ganze Menge über Burgsdorfs Geschichte und das Leben am Rande der Wüste.

Nicht viele Frauen waren ihren Ehemännern in die Kolonie gefolgt und hatten die Unannehmlichkeiten eines Lebens in der Wildnis auf sich genommen. Denn die wenigsten Kolonialbeamten oder Siedler verfügten über ein Einkommen, das ausgereicht hätte, den Damen die gewohnte Bequemlichkeit zu bieten. Auch der Schlossherr von Duwisib, einige Kilometer südwestlich von Maltahöhe, hätte dies nicht geschafft, wenn seine Gattin nicht ein reiches Erbe in die Ehe eingebracht hätte. Damit erfüllte Hansheinrich von Wolf sich einen Traum: Mitten ins Nirgendwo setzte er 1908 eine romantische Burg mit Türmchen und Zinnen, richtete mit wertvollem Mobiliar einen Rittersaal und diverse Salons ein, kaufte weiteres Land und züchtete Pferde. Die Freude daran währte nicht lange, der Offizier meldete sich mit Beginn des Ersten Weltkriegs begeistert zu den Fahnen und fiel schon 1914 in der Schlacht an der Somme; sein Schloss steht wie eine Fata Morgana vor den rostbraun und grau schimmernden Namgorab-Bergen.

Unsere Route zieht nun direkt nach Süden, begleitet von den erodierten Hängen der Schwarzrandberge. Wenn der Regen im Hochland die Riviere anschwellen lässt, brechen die Flüsse mit vernichtender Gewalt aus den Bergen hinunter in die Ebene der Namib. Ihre trockenen Flussbetten zerfurchen das Gebirge mit tiefen Schründen und Canyons, in denen Kandelabereuphorbien und Ebenholzbäume wurzeln. Ab und an ragen die Wedel einer Makalani-Palme über niedrige Akazienkronen; Windräder drehen sich neben Viehtränken. Ein Eselskarren mit zwei freundlich winkenden schwarzen Jungen kommt uns entgegen – dann wieder meilenweit keine Menschenseele.

In Helmeringshausen haben die Dorfbewohner ein rührendes Freiluftmuseum mit historischem Gerät eingerichtet, doch der Ort wirkt ausgestorben wie eine verlassene Westernstadt. Zum wiederholten Mal fragen wir uns, wovon die Menschen hier leben und was Landwirtschaft bedeutet in der Halbwüste. Die Antwort steht einige Kilometer weiter am Zaun und knabbert am spröden Gras: Karakulschafe. Die Farmer im Süden züchten sozusagen das tierische Pendant zu den Diamanten, die in der Wüste weiter westlich aus der Erde geholt werden: Karakulfellchen sind nicht dauerwellgelockt wie die der Persianer, sondern sanft gewellt; sie glänzen wie mit Lack überzogen und kosten ein kleines Vermögen. Die aus Zentralasien stammenden Schafe gedeihen am besten im ariden, wüstenähnlichen Klima. Die deutschen Kolonialbehörden hatten 1906 mit der Aufzucht begonnen. Von Anfang an war die »Produktion« umstritten, denn die Lämmer müssen sofort nach der Geburt getötet werden, um die hohe Fellqualität zu bewahren. Trotz wirtschaftlicher Einbrüche wegen der Proteste der Tierschützer ist Karakul ein wichtiger Wirtschaftszweig in Namibia geblieben. Seit die Damen der Modewelt wieder Pelz tragen, ist auch die Stimmung der Farmer besser geworden.

Ein Ort mit gleich doppelter historischer Bedeutung ist Bethanie, kurz bevor unsere C 14 in die Ost-West-Transversale durch die Namib nach Lüderitzbucht mündet. Missionar Heinrich Schmelen wirkte ab 1814 hier unter den Nama und bemühte sich, ihnen neben der christlichen Lehre auch das Lesen und Schreiben beizubringen. Sein einfaches, aus Bruchsteinen erbautes Haus bewohnte er nur wenige Jahre, denn Kriege zwischen rivalisierenden Nama-Gruppen vertrieben ihn und seine Nachfolger. 1883 wurde in Bethanie, und zwar im Haus des Nama-Oberhaupts Joseph Fredericks ein paar Straßen vom Schmelenhaus entfernt, ein folgenschwerer Kaufvertrag unterzeichnet: Fredericks trat damit einen Teil des Küstenlandes an den Bremer Kaufmann Adolf Lüderitz ab. Der Grundstein für die deutsche Kolonie war gelegt.

Das deutsche Abenteuer an der Südwestküste Afrikas endete 1915 mit der Kapitulation vor den Unionstruppen aus Südafrika. In der Dornsavanne des südlichen Namibia, ganz nahe am Übergang zur Namib-Wüste, wurden etwa 1500 gefangen genommene Militärangehörige interniert. *Aus,* so heißt der kleine, trostlose Ort, in dessen Nähe schließlich trotz der Niederlage ein Exempel deutscher Tüchtigkeit statuiert wurde. Entsetzt über die Zustände im Zeltlager, organisierten sich die Gefangenen selbst, und binnen eines Jahres florierte hinter Stacheldraht ein gut strukturiertes Gemeinwesen mit gemauerten Baracken, Krankenstation und hoher Disziplin. Die Bewacher, so erzählt man, hätten ihre Gefangenen um den Komfort des Lagers beneidet. Heute liegen verrostete Kochtöpfe unter den Kameldornbäumen.

In Aus treffen wir auf die Eisenbahnlinie von Windhoek über Keetmanshoop nach Lüderitz. Gelber Morgenstern, bewehrt mit heimtückischen Stacheln, blüht zwischen den Schienen. Der menschenleere Bahnhof hat schon lange keine regulären Gäste mehr gesehen. Mangels Auslastung endet die Bahn in Keetmanshoop; nur Touristenzüge machen gelegentlich in Aus Station, bevor sie nach Lüderitz weiterdampfen.

Wenige Kilometer weiter passieren wir die Grenze zur Namib. Ein Schild verbietet das Abweichen von der Straße, denn nördlich davon erstreckt sich der Namib-Naukluft Park, eines der größten Naturschutzgebiete Afrikas, und südlich des Asphalts befindet sich das Diamantensperrgebiet Nr. 1. Fast schnurgerade und stetig leicht bergab fahren wir nach Westen durch flache, kaum strukturierte Landschaft. Luftspiegelungen bauen sich auf und verschwimmen beim Näherkommen, Sandverwehungen lecken über die Straße. Strauße liefern sich Wettrennen.

Diese spezielle Eisenbahnlinie spielte für die wirtschaftliche Entwicklung der Kolonie Deutsch Südwestafrika eine besondere Rolle. Denn es war ein Eisenbahnarbeiter, der beim Kontrollgang entlang der Schienen an der Bahnstation Grasplatz, die es noch heute gibt, den ersten Diamanten in der Namib fand. Was darauf folgte, ruht nun teils unter Sanddünen, begraben kurz vor Lüderitzbucht in der Wüste: Kolmanskop, zu Deutsch Kolmannskuppe, Stadt des Diamantenbooms, der Glücksritter, Schürfer und Millionäre mit Casino, Theater und Kegelbahn. 1950 war die Ära der Diamanten in diesem Teil der Namib beendet; Schürfgründe an der Küste um die Oranjemündung erwiesen sich als ergiebiger, und Kolmanskop wurde verlassen.

Ein enges Felsentor führt die letzten Höhenmeter von der Namib hinunter und dann auf Lüderitz zu, das wie eine Spielzeugstadt aussieht mit seinen pastellfarbenen Villen auf schwarzgrauem Stein vor dem eisblauen Atlantik. Es ist stets kalt in Lüderitz, auch heute weht eine eisige Brise, und die Passanten ducken sich tief in ihre Wollpullover und Windjacken. Zwischen Felsenkirche, Goerke-Haus und der von Sam Nujoma neu eingeweihten Amüsier- und Fressmeile »Waterfront« suchen wir Erinnerungen an den Stadtgründer vergeblich. Erst draußen auf Shark Island, einer windumtosten Halbinsel mit dem offiziellen Zeltplatz der Stadt, finden wir eine Bronzeplatte für Adolf Lüderitz.

Lüderitzbucht ist neben Walvis Bay die einzige gute Ankerstelle an der Küste Südwestafrikas, und Heinrich Vogelsang, Lüderitz' Beauftragter, war nicht der Erste, der die strategisch günstige Lage der Felsenbucht erkannte. Knapp vierhundert Jahre vor ihm hatte bereits der Portugiese Bartolomeu Diaz in der Bucht Schutz vor einem schweren Sturm gesucht und sie Angra Pequena genannt. In portugiesischer

Seefahrertradition ließ er ein Steinkreuz errichten, das mittlerweile durch eine Replik ersetzt wurde. Hoch thront es südlich von Lüderitzbucht über der See, unbeeindruckt vom Toben des Atlantiks, der mit Wellen und Gischt gegen die Felsen schlägt. Auf dem Meer draußen tanzen die schwarz glänzenden Körper der Robben, und Pelikane umkreisen die in den Hafen heimkehrenden Fischtrawler. Es ist ein unwirtliches Stückchen Namibia, dieses Lüderitzbucht. Fröstelnd flüchten wir in die Wärme unseres Hotels und machen uns an die Planung der nächsten Reiseetappe.

Gewitterstimmung am Kupferbergpass

Eingerahmt von den Bergen des Khomas-Hochlandes, ist Windhoek gut vor kalten Winden geschützt.

Im Tintenpalast entschieden früher penible Kolonialbeamte; heute residiert darin Namibias Parlament.

Ein Denkmal vor dem Tintenpalast erinnert an den Herero-Chief Hosea Kutako.

Folgende Seite: Ein gewaltiger Regenguss südlich des Kupferbergpasses ist ein seltenes Schauspiel.

Nach heftigen Regenfällen beginnen die Riviere urplötzlich zu »laufen«.

Maltahöhe ist ein beschauliches kleines Nest auf dem Weg nach Süden.

Folgende Seite: Der weite Blick vom Schwarzrand hinunter nach Burgsdorf

Der Schein trügt: Vom Schwarzrand zu den Bergen des Namib-Naukluft-Nationalparks sind es über einhundert Kilometer.

Keine Fata Morgana:
Mitten in der Wildnis
Südnamibias
steht Schloss Duwisib.

Das Schlösschen
ist mit Antiquitäten
in bestem altdeutschem
Stil eingerichtet.

Am Goerke-Haus sind viele Details der Jugendstil-Architektur erhalten.

Die einstige Lesehalle dient heute als Leihbibliothek.

Vorhergehende Seite: In Lüderitzbucht begann Deutschlands Kolonialabenteuer an der südwestafrikanischen Küste. Der einstmals wichtige Hafen wirkt heute nostalgisch-verträumt.
Rechts: Das Glasfenster in der Felsenkirche von Lüderitz weist auf den Stifter hin.

JOHANN ALBRECHT HERZOG ZU MECKLENBURG
GESTIFTET 1912 VON

Lüderitz

Zacharias Lewala fand beim Fegen der Gleise einen Diamanten.

Franz Adolf Lüderitz, ein Bremer Kaufmann, erwarb über seinen Mitarbeiter Heinrich Vogelsang 1883 an der Hafenbucht Angra Pequena von dem Nama-Oberhaupt *Joseph Fredericks* ein Stück Land, das er mit 100 Pfund Sterling und 200 Gewehren bezahlen ließ. Später kaufte Lüderitz von den Nama einen weiteren Küstenstreifen, der sich 330 Kilometer weit nach Süden und 150 Kilometer landeinwärts erstreckte. Der Erwerb verschlang fast das gesamte Vermögen von Adolf Lüderitz und war zudem auch noch strittig: Denn die Nama waren der Ansicht, dass sie nur das Nutzungsrecht für einen bestimmten Zeitraum abgetreten hätten, während Lüderitz das Land als auf Dauer in seinem Besitz ansah. Zudem hatte der Küstenstreifen einen gravierenden Nachteil – es gab nirgends Wasser. Wo kein Wasser ist, siedeln normalerweise auch keine Menschen (die Nama hielten sich in der Region nur saisonal auf). Lüderitz musste Trinkwasser mit Schiffen aus Kapstadt herantransportieren lassen.

Im Hinterland, das im Besitz der Nama verblieb und in dem es auch Quellen gab, hatte die *Rheinische Missionsgesellschaft* schon lange vorher Stationen errichtet. Lüderitz holte aber erstmals Wissenschaftler, um Bodenschätze und Wasser zu suchen. Zwar fand man kein Wasser, dafür aber Kupfer, Eisen, Gold, Silber und Blei. Der deutsche Kanzler Bismarck stellte sofort »Lüderitzland« unter den Schutz des Reiches. Doch Lüderitz sollte die eigentliche Blüte seiner Kolonie nicht mehr erleben. Am 22. Oktober 1886 machte er sich nach einem Ausflug zur Mündung des Oranje in einem kleinen Boot auf den Heimweg. Er erreichte Lüderitzbucht nie.

August Stauch war es vergönnt, den ersten Diamantenclaim zu melden. Einem farbigen Mitarbeiter der Eisenbahn, *Zacharias Lewala,* ist es jedoch zu danken, dass der Diamantenreichtum der Wüste bekannt wurde. Er fand den berühmten ersten Stein, erkannte ihn als wertvoll und brachte ihn zu seinem Chef. Nach diesem Fund boomte die Stadt Lüderitzbucht. Es wurde gebaut, feste, mit Holzgiebeln und Erkern geschmückte Häuser, auch innen aufwändig gestaltet. Mit der Verlagerung des Diamantenabbaus zwischen den Weltkriegen und nach dem Zweiten Weltkrieg in den Süden, an die Oranje-Mündung, wurde die Stadt aber wirtschaftlich wieder unbedeutend.

Franz Adolf Lüderitz war ein Kaufmann und Kolonialpionier.

Auf dem Friedhof bei Lüderitz ruhen viele Soldaten der Schutztruppe.

Bahnstation mit großer Vergangenheit. Kolmannskuppe war Boomtown der Diamantenschürfer.

Sand in allen Räumen und Ritzen: Die Wüste erobert die Stadt der Glücksritter zurück.

Das ehemalige Theater wurde restauriert; hier befindet sich auch die auf Hochglanz polierte Kegelbahn.

Turnvater Jahn lässt grüßen: Das Theater diente auch als Ort der körperlichen Ertüchtigung.

Folgende Seite: Fünfzig Jahre lang wurden um Kolmannskuppe (Kolmanskop) Diamanten gefördert.

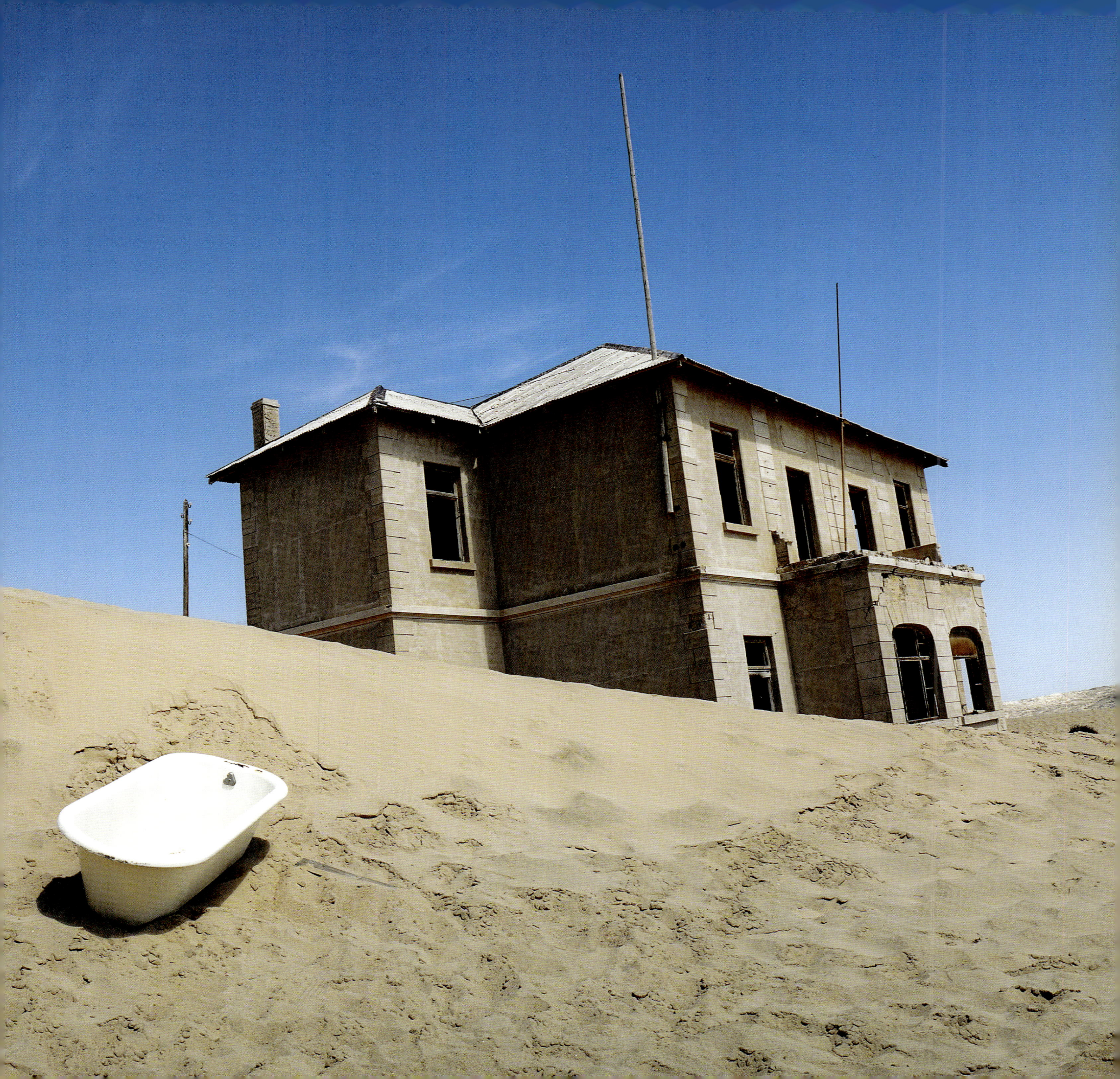

DURCH DIE NAMIB NACH SWAKOPMUND

Im Reich der Sanddünen

Lüderitzbucht ist eine Sackgasse, und wir müssen zunächst auf gleichem Weg zurück bis Aus, bevor wir unserer Route nach Norden und in die Namib-Wüste folgen können. In Aus biegen wir in die C 13 nach Norden und dann in die D 707 nach Westen ein. Diese Pad führt zwischen den Bergen der Randstufe auf der einen und der Namib auf der anderen Seite entlang und ist landschaftlich viel spektakulärer als der direkte und schnellere Weg. Dafür kostet sie Zeit. Sie ist nicht geteert, und obwohl regelmäßig die Scrapper den Untergrund gerade hobeln, sind die Bodenwellen, das »Wellblech«, in manchen Passagen ganz schön heftig. Der Lenker hat auf solchem Wellblech zwei Möglichkeiten: So langsam fahren, dass das Fahrzeug die Wellen nacheinander nimmt – oder so schnell, dass es darüber hinwegfliegt. Letzteres sollte man tunlichst vermeiden, denn der Wagen besitzt dann kaum noch Bodenhaftung und ist nicht mehr manövrierbar.

Von Westen her rücken die Dünen der Namib stetig näher an die Straße heran; rosafarben sehen sie aus, und im Osten bildet der Rooirand mit den Tirasbergen immer neue bizarre Felsskulpturen aus dunklem Gestein. Auch hier geht es zu Farmen, die sich irgendwo zwischen den Felsnasen und Sandzungen verbergen. Im Schatten der Tirasberge, an denen es häufiger abregnet, züchten die Farmer sogar Rinder. Plötzlich nehmen wir eine flüchtige Bewegung am Straßenrand wahr, halten an. Zunächst ist nichts zu erkennen, aber dann zuckt ein schmales Köpfchen mit großen schwarzen Augen hinter einem Felsen hervor, und nun sehen wir auch die dazu gehörende Sippe: Es sind Erdmännchen. Zehn oder fünfzehn dieser kleinen, flinken Gestalten scharren, kratzen und buddeln in der Erde, während zwei Wächter aufmerksam die Umgebung beobachten.

Links: Lüderitz' Felsenkirche wurde 1912 im neugotischen Stil errichtet.

Als wir endlich die Einfahrt zum Sesriem Camp erreichen, ist es früher Abend, zu spät für den Besuch der Dünen am Sossusvlei. Die namibische Nationalparkverwaltung hat strikte Regeln für das Verhalten in den Parks erlassen, und die werden sehr streng kontrolliert. Am Sossusvlei heißt das: Einfahrt in das Dünengebiet frühestens eine Stunde vor Sonnenaufgang, Verlassen des Parks bis höchstens eine Stunde nach Sonnenuntergang. Da die Ranger ausgesprochen ungemütlich werden, wenn man sie ärgert, ist es besser, diese Vorschriften zu befolgen.

Während zentrale und nördliche Namib vorrangig aus Kiesebenen bestehen, haben die vorherrschenden Winde in der südlichen Namib Sterndünen angeweht, Gebilde, die aus der Luft aussehen wie Kraken. Vom zentralen Scheitelpunkt der Düne verlaufen mehrere Rücken in die verschiedenen

Richtungen. Dazwischen liegen die *vleis,* Salzpfannen, die nach starken Regenfällen von Flüssen aus dem Hochland gespeist werden und sich dann in Seen verwandeln. In den Wochen dieses Naturwunders lassen sich Flamingos, Enten und andere Vögel vor der Kulisse der mächtigen Sandberge beobachten. Die meiste Zeit des Jahres aber liegen diese Senken trocken, und das Wild leckt die salzige Schicht von der aufgesprungenen Erde.

Es ist stockfinstere Nacht, als wir am nächsten Morgen das Gate zum Nationalpark passieren und auf der hervorragenden Asphaltpad in die Dünen hineinfahren. Zunächst tasten sich die Scheinwerfer des Wagens noch vorsichtig am Rivier des Tsauchab entlang. Sie erfassen ein Rudel Springböcke neben der Straße und später ein aufblitzendes Augenpaar, dessen Besitzer, ein Schakal, im Finstern verborgen bleibt. Dann wird es überraschend schnell hell, ein gräuliches Licht liegt über verdorrten Akazien und den ersten nahen Dünen, deren Höhe einfach unglaublich ist. Nach einer knappen Stunde Fahrt erreichen wir den Sossusvlei, umgeben von gigantischen Sandbauwerken. Die über den Horizont gestiegene Sonne taucht die Dünenflanken in ein warmes Orangerot, während wir, zwei Schritte hinauf, einen zurück, versuchen, am Kamm der höchsten Düne hinaufzuklettern. Oben stehen wir zweihundert Meter hoch über dem Vlei und dem Meer aus Sandsternen, einem Labyrinth aus in der Sonne leuchtenden Dünenkämmen und schattenschwarzen Senken. An einer Stelle erkennen wir die Spurmuster eines Skorpions, zwischen zwei Sandhügeln führen Hufabdrücke einer Oryx-Antilope zum Vlei. Zu sehen und zu hören aber ist nichts außer dem Rieseln des Sandes, den der Wind in feinen Staubfahnen über die Wüste treibt.

Knapp fünf Millionen Hektar ist der Namib-Naukluft-Nationalpark groß, das entspricht in etwa der Fläche von Niedersachsen. Zugänglich ist dieses immense Gebiet nur an wenigen Stellen wie am Sossusvlei und im nahen Naukluft-Gebirge, weiter nördlich in der Zentralnamib und schließlich im südlichen Teil der »Skelettküste«. Wie in allen namibischen Nationalparks gibt es an besonders schönen Stellen Restcamps, an denen mit Genehmigung der Nationalparkverwaltung übernachtet werden darf – im Zelt oder in Bun-

galows. Im Sesriem-Camp bei Sossusvlei ist ohne Reservierung kein Platz zu ergattern; am Camp im Kuiseb Canyon hingegen, unserem nächsten Etappenziel, stellt selten jemand sein Zelt auf, und es gibt auch keinen Platzwart. Trotzdem ist die Grillstelle gefegt und das Plumpsklo sauber. Abends am flackernden Feuer und unter dem Südhimmel fühlen wir uns wie die beiden Kuiseb-Pioniere Henno Martin und Hermann Kron. Die Geologen waren vor der drohenden Internierung deutscher Männer im Zweiten Weltkrieg hier an den Rand der Namib geflohen und hatten zwei Jahre im Kuiseb gelebt. Die Wüste bot mit Kleingetier, wilden Melonen und Kräutern Nahrung.

Es gibt sicherlich spannendere und reizvollere Strecken in Namibia als die C 14 vom Kuiseb nach Walvis Bay und Swakopmund. Die Namib ist hier trostlos, brettebenen, grau. Und doch weist der Reiseführer hier auf ganz besondere geologische Formationen, auf seltene, endemische Pflanzen und bizarre Landschaften hin. Diese Art von Wüste glänzt nicht spektakulär, sondern fordert vom Betrachter Geduld und einen scharfen Blick fürs Detail: beispielsweise das feine,

Oben: Der Besuch des Deadvlei, des Toten Tals, ist ein unvergessliches Erlebnis.

braune Gespinst vertrockneter Pflanzen am Straßenrand – wenn man es mit Wasser benetzt, färbt es sich grün, gelb, lila und lebt auf. Flechten, Mischwesen aus Alge und Pilz, können über Jahre auf den Wassersegen warten; andere Pflanzen nehmen die Nebelfeuchtigkeit auf, die vom Atlantik landeinwärts in die Namib zieht. Vom Nebel lebt auch Welwitschia mirabilis, ein Wunderwerk der Anpassung: Der »Welwitschia Drive« führt uns an mehreren kleinen Exemplaren dieser Pflanze vorbei zur großen Königin, die angeblich seit 1500 Jahren an dieser Stelle gedeiht. Ein Haufen ineinander verdrehter, teils trockener, teils grüner Blätter – das der erste, enttäuschende Eindruck. Erst auf den zweiten Blick erkennt man, dass das Geknäuel zwei großen Blättern entstammt, die zerfasern und sich spalten und so eine Ablauffläche für die Nebeltröpfchen bilden, die darauf kondensieren. Von den Blättern fallen sie auf den Wüstenboden, und das weit verzweigte Wurzelwerk dicht unter der Oberfläche nimmt sie auf. So überlebt die älteste Pflanze Namibias, vielleicht sogar der Welt.

Kurz vor der Küste bauen sich Dünenriegel auf, die gesprenkelt sind mit bunt gekleideten, johlenden Gestalten. Die Jugend von Swakopmund pflegt auf ihnen Sandsurfwettbewerben und halsbrecherische Querfeldeinfahrten auf Quadbikes auszutragen. Naturschützern ist diese Art des Sports ein Dorn im Auge, weil er dem Ökosystem der Düne empfindliche Schäden zufügt, doch geegen die Modertrends im Action-Sport sind auch die sonst sehr umweltbewussten Namibier nicht gefeit.

Ganz nostalgisch empfängt uns dahinter dann Swakopmund mit Schnörkeln, Pastellfarben und kaiserlichem Gelb am wilhelminischen Postamt. Etagenbäume wiegen sich im Wind über den niedrigen Bungalows der wohlhabenden Viertel am Stadtrand, ein rot-weiß gestreifter Leuchtturm verbreitet Ostseestimmung, und im Hansa-Hotel, seit über hundert Jahren eine Institution, wird der Speisesaal mit Sylvestergirlanden geschmückt.

Vom Einfallstor für Waffen, Truppen, Siedler und Handelswaren nach Deutsch Südwestafrika, vom gänzlich untauglichen Hafen für die Linienschiffe von Woermann hat Swakopmund sich zu einem schmucken Seebad gewandelt, fest in deutscher Hand. Es gibt Schwarzwälder Kirschtorte, Matjes, Rotkraut und Karneval. Die Zahl der deutschstämmigen Neu-Swakopmunder wächst beständig, zugezogen aus Windhoek und anderen Städten Namibias, aber auch aus Deutschland. Der so häufig einfallende Nebel, der Stadt und Umgebung in eine deprimierende graue Suppe hüllt, scheint sie nicht zu stören. Nun, meist löst er sich ja auch gegen Mittag auf, und wenn er ganz hartnäckig ist, genügt es, ein paar Kilometer landeinwärts zu fahren. Schon steht man in der Namib im strahlenden Sonnenschein.

Wir hingegen fahren die Küste entlang nach Norden, durch einen monotonen Landstrich mit einsamen Stationen, die Namen tragen wie »Wlotzkasbaken« oder »Toscanini« und aus verfallenen Hütten und vor sich hin rostenden Gerüsten bestehen. Es herrscht reger Verkehr auf der C 34, die meisten Fahrzeuge sind mit einer Armada von Angeln und überdimensionalen Kühltruhen ausgerüstet, die Küste hier gilt als bestes Angelrevier, Könner holen Langusten aus dem Atlantik, und angeblich gehen sogar Haie an den Köder. Was den Anglern den Fang verdirbt und unsere Geruchsnerven lahm legt, sind die Tausende von Robben, die überall entlang der Skelettküste zu finden sind, besonders geballt aber bei Cape Cross in Erscheinung treten. Kleidung, Haare und das Auto riechen noch stundenlang nach dem Besuch der Robbenkolonie penetrant nach Fisch.

Auf Pad in Namibias Süden. Schnurgerade geht's auf die Berge der Randstufe zu.

Am Rande des Namib-Naukluft-Nationalparks

Die majestätischen Oryx-Antilopen sind den ariden Lebensbedingungen der Namib optimal angepasst.

Strauße zählen zu den am häufigsten gesichteten Tieren im Süden Namibias.

Wenn es in der Wüste tatsächlich einmal regnet …

Vorhergehende Seite: Im Wüstenboden warten unzählige Samen auf Regen. Wenige Tropfen genügen, die Öde in ein Blütenmeer zu verwandeln.

Ganz eng rücken die Felswände im Sesriem-Canyon zusammen; er galt lange als verlässliche Wasserstelle am Rande der Namib.

Rechts: Akazien können lange Trockenperioden überstehen und sind dank ihrer Dornen auch vor dem Verbiss durch Wild geschützt.

Oben:
Wenn bei Sesriem die Sonne untergeht, glaubt man, nicht mehr auf dieser Erde zu sein.

Einige Bäumchen trotzen der gnadenlosen Hitze der Wüste.

Folgende Seite: Faszinierendes Bauwerk aus rötlichem Sand: die Düne 45.

Die Färbung der Berge wechselt fast im Minutentakt.

Am Sossusvlei gibt es die höchsten Sterndünen der Welt.

Der einfachste Weg auf die Düne führt an ihrem Kamm entlang.

Beständig modelliert der Wind die Dünenformen neu.

Über Tausende von Kilometern transportieren Winde und Flüsse Sand von Südafrika in die Namib.

Links und oben: Fünf Fassetten einer einzigen Düne, der Düne 45.

Unwillkürlich fragt sich der Betrachter, wie jemals Bäume in dieser Wüste wachsen konnten.

Vorhergehende Seite: Wie Skelette ragen die verdorrten Akazien aus der aufgesprungenen Salz-Tonschicht des Deadvlei.
Rechts: Nach gutem Regen im Hochland bildet sich hier ein tiefblauer See.

Lebensfeindliche Schönheit; nur hoch angepasste Tiere und Pflanzen können hier überleben.

Kein Wasser weit und breit – und doch wurzelt Gras an den Dünen.

Folgende Seite: Die Sterndünen der Namib sind vom stetig wehenden Wind geformt. An den Flanken finden Grassamen Halt und bilden Nahrung für die Oryx-Antilopen.

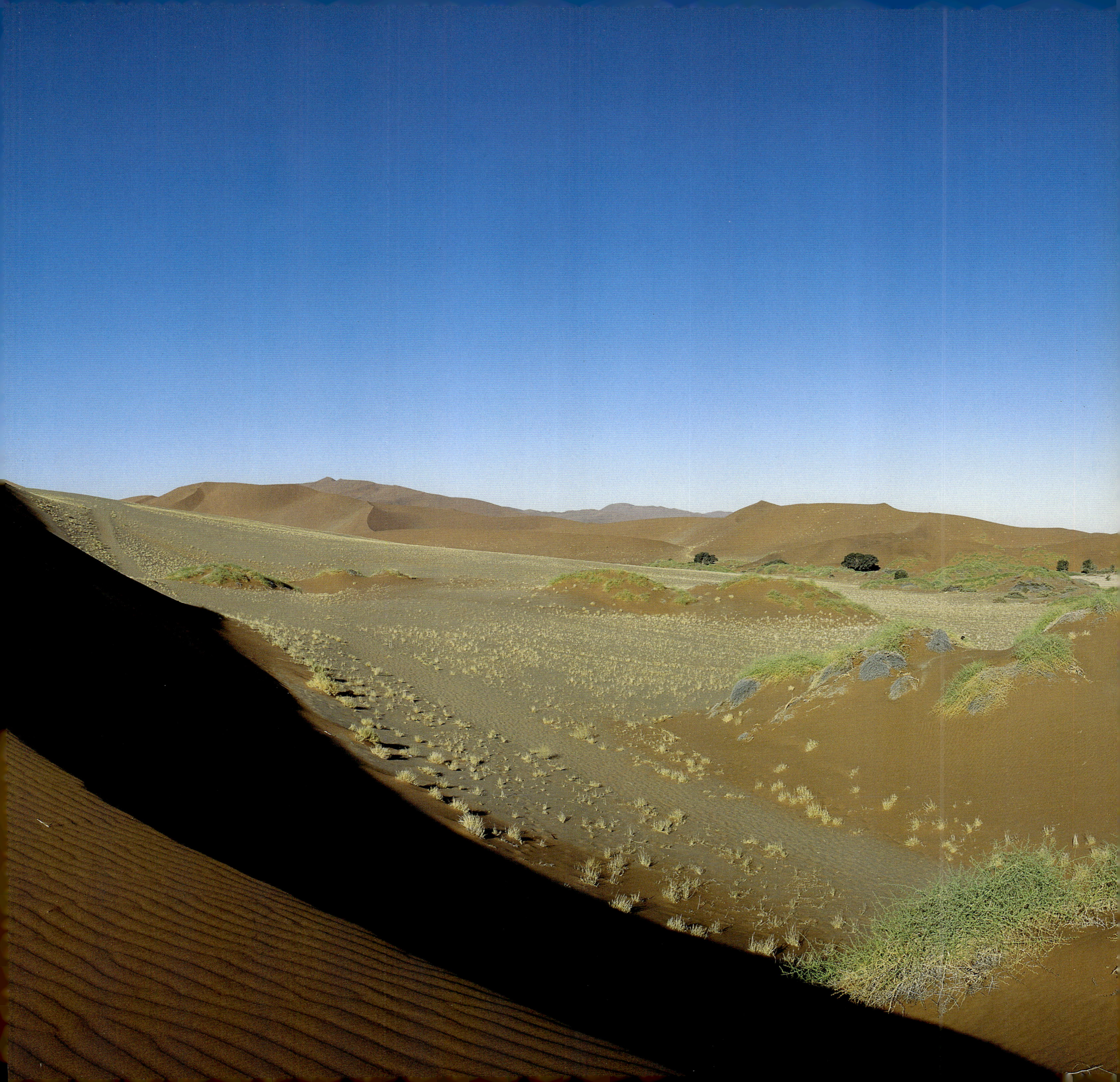

Flache, endlose Kiesebenen und dornbewehrte Akazien prägen die Zentralnamib.

Felskuppen werden von den Westwinden abgeschliffen und glatt poliert.

Manchmal ähnelt die Namib einer Parklandschaft; die Akazien sind ein deutlicher Hinweis darauf, dass hier periodisch ein Rivier abkommt.

Im Tal des Kuiseb überlebten zwei deutsche Geologen während des Zweiten Weltkriegs mehrere Jahre.

Rechts: Die Felsformationen am Kuiseb Pass wurden regelrecht ineinander geschichtet.

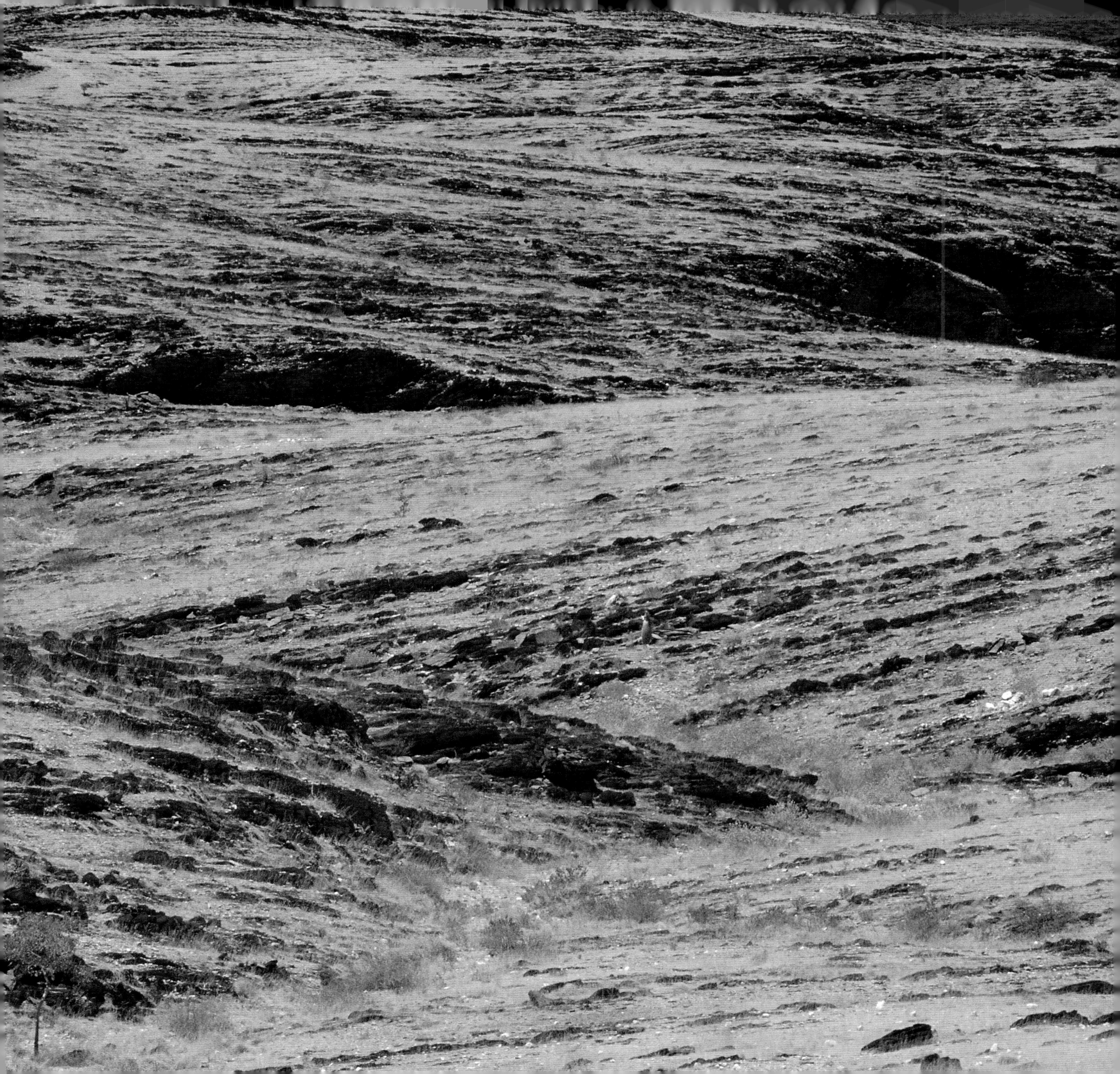

Flamingos, Dünen und Meer sieht man nur in Walvis Bay.

Friedlich grasen Springböcke auf dem Golfplatz von Swakopmund.

Folgende Seite: Ein Regenbogen »verirrt« sich in die Namib bei Swakopmund.

Swakopmunds Wahrzeichen ist der rot-weiße Leuchtturm; Schiffen weist er nur selten den Weg.

Vom Turm des Woermann-Hauses hielten die Reeder Ausschau nach ihren Passagier- und Frachtschiffen, die den Dienst zwischen Hamburg und Swakopmund versahen.

Das alte Gefängnis erfüllt auch heute noch seinen Zweck.

Die alte Landungsbrücke, genannt »Jetty«

Das Alte Amtsgericht wurde frisch herausgeputzt.

Swakopmund

Als die deutschen Kolonisatoren gegen Ende des 19. Jahrhunderts nach einer geeigneten Stelle für ihren Haupthafen suchten, wurden sie an der 1400 Kilometer langen Küste Südwestafrikas, an der die kargen Wüstenstriche direkt bis zum Meer reichen, nur an einer einzigen Stelle fündig: bei der Walfischbucht, an der einst Walfischfänger ihre Beute verarbeiteten. Aber gerade diese Bucht hatte sich die britische Krone schon 1878 formell gesichert. Da auf den gut geeigneten Naturhafen damit kein Zugriff mehr möglich war, begannen die Deutschen 1892 nur wenige Kilometer nördlich an der Mündung des Swakop einen künstlichen Hafen anzulegen, um von der See her den Nachschub für das Landesinnere heranschaffen zu können. Die Kosten waren enorm, doch blieb keine Alternative (der zweite natürliche Hafen Namibias Lüderitz lag im tiefsten Süden und konnte die Landesmitte unmöglich versorgen). Der Ausbau von Swakopmund als Landungsstelle war schwierig, da der Ort nur eine offene, jedem Wind und Wetter ausgesetzte Reede hatte und die 1898 erbaute große und lange Mole immer wieder in kurzer Zeit versandete. Zur Erleichterung und als Gegenmaßnahme wurde schließlich 1905 eine feste Landungsbrücke mehrere hundert Meter weit ins Meer hinaus errichtet, an der die Schiffe zumindest bei gutem Wetter anlegen konnten. So wurde Swakopmund das Tor nach Südwestafrika. Schon 1895 gab es Niederlassungen von sechs deutschen Handelsfirmen, mit dem Bau einer Eisenbahnlinie nach Windhoek wurde ein Jahr später begonnen. Allerdings konnte die Bahnlinie von Swakopmund nach Windhoek nur als Schmalspurbahn ausgelegt werden, weil der deutsche Reichstag die Geldmittel für eine Bahn in Normalspur nicht genehmigte. Um 1914 wollte man endlich den Hafen großzügiger gestalten, doch scheiterten die Projekte wegen des Kriegsausbruchs. Dann zerstörte ein englisches Kriegsschiff gleich zu Beginn der Kämpfe die bescheidenen Hafenanlagen. Als die südafrikanischen Truppen 1915 im Land standen, war ein weiterer Ausbau überflüssig: Walvis Bay wurde nun *der* Hafen, Swakopmund mutierte zum Erholungsort am Meer – zur Sommerfrische der Südwester.

Der Hafen von Swakopmund sollte das Landesinnere versorgen.

Hinter der Maske kann man sich herrlich verstecken.

Auf dem Spielplatz von Swakopmund toben die Kinder herum.

Der schönste Tag im Leben …

»Martin Luther« heißt dieses urige Gefährt, das schon nach wenigen Kilometern den Geist aufgab.

Der alte Bahnhof von Swakopmund wurde zu einem Hotel umgebaut.

Swakopmunds erste Traditionsadresse ist das elegant-nostalgische Hansa-Hotel.

Rechts: Prosit Neujahr. Im Hansa-Hotel feiern Einheimische und Touristen ein deutsches Sylvester.

Die Dünen der Namib reichen bis an den Stadtrand von Swakopmund.

Folgende Doppelseite: Cape Cross ist die größte Robbenkolonie an der Küste des südlichen Afrika.

Spaß im Sand: Sandboarden und Quadbike-Fahren sind beliebte Freizeitvergnügen.

Sonntags wird in Wlotzkasbaken gefeiert.

Ein Schläfchen in Ehren: Die Robben haben an der Küste nur wenige natürliche Feinde.

In der Sonne lässt es sich wunderbar dösen.

Rechts: Tanz in Wellen und Gischt: Die an Land schwerfälligen Tiere verwandeln sich im Wasser in wahre Akrobaten.

Das Moon Valley hat der Swakop aus der Wüstenlandschaft gefräst. Im Hintergrund die Rössing-Berge.

Links: Moon Valley, Mondtal, heißt diese eigenwillige geologische Formation in der Zentralnamib.

Überlebenskünstler Welwitschia mirabilis – keine Schönheit, aber von ehrwürdigem Alter.

ÜBER DIE ERONGO-BERGE INS DAMARALAND

Geheimnisse der Ureinwohner

Nördlich der Straße B 2 von Swakopmund über Karibib nach Okahandja wachsen mehrere Gebirgsmassive wie Inseln aus der Wüstenebene. Unsere Route führt auf zwei isolierte und eigenartig erodierte Berge, die Große und die Kleine Spitzkoppe, zu und wendet sich dann nach Norden, zwischen Erongo und den beiden Spitzkoppen in Richtung Brandberg und Twyfelfontein. Das Granitgestein der Felsen und Berge ist von fast goldener Farbe, an manchen Stellen blättert die äußere Schicht ab wie die Schale einer Zwiebel; eiförmige Granitgeschosse stehen und liegen in der Landschaft, andere wiederum balancieren übereinander, als seien sie von Riesenbabys aufgestapelt worden. In den Bergen hier, vor allem aber am Brandberg, finden sich unzählige Felsbilder, deren Alter auf bis zu 20 000 Jahre geschätzt wird. Sie bilden Jäger ab, die mit Pfeil und Bogen Nashörnern und Antilopen nachstellen, zeigen eigenartig geschminkte Gestalten bei rituellen Tänzen und präsentieren das Wild, das damals in diesem Wüsten-Landstrich lebte. Zwischen Felsen wurzeln Talerbüsche und Köcherbäume; hier und da versucht ein verkrüppelter Kameldornbaum etwas Schatten zu spenden, und wir entdecken sogar Buschmannkerzen, die die San wegen ihrer wachshaltigen und leicht brennbaren Rinde als eine Art Fackel benutzten.

Links: Mit genauem Blick für die Eigenarten des Wildes und mit viel Liebe zum Detail haben Namibias Urbewohner Bilder in die Felsen geritzt.

Spitzkoppe und Erongo bilden die südliche Grenze des Damaralandes, eines der »Homelands«, die unter südafrikanischer Herrschaft eingerichtet wurden und heute Kommunalland genannt werden. Die Damara stellen etwa acht Prozent der namibischen Bevölkerung, mit den San und den Nama werden sie zu den ältesten Bewohnern der Region gerechnet, allerdings ist über die vorkoloniale Geschichte der Damara ebenso wenig bekannt wie über die ihrer Landsleute. Dass die drei Völker, die eventuell sogar miteinander verwandt sind, die ersten auf namibischem Boden waren, gilt als sicher. Später wanderten von Nordosten Herero und Ovambo ein, von Süden drängten Orlaam-Nama aus der Kapprovinz nach Norden. Die einheimischen Volksgruppen wurden abgedrängt und zogen sich in die Bergregionen und an den Wüstenrand zurück. Schließlich erzeugten die deutsche und danach die südafrikanische Landnahme weiteren Druck, und am Ende dieser Entwicklung stand die Zuweisung von Gebieten, in denen Damara, San, Nama, Herero und Ovambo künftig leben mussten. Dass sie nicht die ertragreichsten Ländereien bekamen, versteht sich von selbst.

Um das Homeland einzurichten, wurden weiße Farmen aufgekauft und den Damara-Kleinbauern zur Verfügung gestellt. So ist Damaraland heute eine der wenigen Regionen in Namibia, in denen nicht Großgrundbesitz, sondern kleine Parzellen das Bild der Landschaft prägen. Dass diese Art der Bodenbewirtschaftung den ökologischen Bedingungen in der Halbwüste nicht gerecht wird, sieht man an den völlig kahl gefressenen Weideflächen, dem mageren Vieh und den ärmlichen Siedlungen. Einkommen verspricht hier nur der Tourismus. Die Damara haben ein Camp an der Spitzkoppe eingerichtet, verkaufen Kunsthandwerk in der ehemaligen Minenstadt Uis Myn, führen die Fremden zu den Felsbildgalerien am Brandberg und zeigen in der Nähe von Palmwag ihre rituellen Tänze. Das wenige Geld, das sie dabei verdienen, ist in diesem Armenhaus Namibias bislang aber nur ein Tropfen auf den heißen Stein.

Warum besonders in dieser Region so viele Felsbilder entdeckt wurden, zeigt uns ein Besuch des Felsenkessels Bushman's Paradise an der Spitzkoppe. Die völlig isoliert aus der Ebene herausragenden Gebirgsmassive wie Erongo, Brandberg und Spitzkoppe boten den Urbewohnern Namibias gleich mehrere Vorteile: Zunächst fangen sie Feuchtigkeit ein, denn an den Felsen kondensieren Nebel und Tau; in den Senken und Schluchten wird das Nass vor Verdunstung geschützt, gespeichert und ernährt eine erstaunliche Vielfalt von Pflanzen und Getier. Zum Zweiten bieten Höhlen und Felsüberhänge den Menschen Schutz vor Unwetter und Kälte. Und zum Dritten waren sie ideale Aussichtsposten, von denen aus man das in der Ebene ziehende Wild und natürlich auch potentielle Feinde gut beobachten konnte. Zu welchem Volk die prähistorischen Jäger gehörten, die ihre Umgebung, ihre Tänze und ihren Alltag an den Felswänden Namibias festgehalten haben, ist bis heute nicht wissenschaftlich geklärt. Aber es ist wohl sehr wahrscheinlich, dass es sich um Vorfahren der Buschmänner oder San handelte, denn es gibt auffällige Ähnlichkeiten in Jagdgerät, Kleidung und Schmuck. Deshalb hat man das Felsenrund an der Spitzkoppe wohl auch Bushman's Paradise genannt – und ein Paradies ist es wirklich. Inmitten des kahlen Granits der Spitzkoppe wuchert in der Kuhle eine geradezu üppige Vegetation: Blutfruchtbäume sprenkeln mit roten Tupfern das Grün von Akazien; der sonst überall kahle Botterboom trägt ein dichtes Blätterkleid und Traubenfrüchte; Gequake dringt aus einem winzigen Tümpel, auf dem Ondape-Blumen ihre gelben Blütenstände entfalten. Ein Pärchen von Rosenpapageien schwirrt, durch unseren Besuch aufgescheucht, davon, und in den Felsen über uns beäugt der Bergstar misstrauisch die Eindringlinge. Unter einem Felsüberhang entdecken wir kaum noch erkennbare Felsbilder, die Besucher mit Graffiti entstellt haben.

Vor diesem Schicksal wurde die Bildgalerie von Twyfelfontein bewahrt. Das Felsenrund liegt ein paar Stunden Fahrt nördlich der Spitzkoppe, ist aber als Ziel erst für den folgenden Tag vorgesehen, denn wie die meisten Sehenswürdigkeiten Namibias sollte man es möglichst früh am Morgen besuchen. Dann ist die Luft noch klar, die Temperaturen erträglich. Kurz vor Twyfelfontein queren wir das breite Rivier des Aba Huab – ein Trockenflussbett aus weichem Sand und Kies, das schon nach geringen Regenfällen zu einer unüberwindlichen Barriere werden kann. Dann »kommt das Rivier ab« und füllt sie sich in kürzester Zeit mit Wasser, dessen Strömung auch großen Fahrzeugen gefährlich werden kann.

Wir haben Glück, die Regenzeit kündigt sich zwar gelegentlich mit dunklen Wolken an, aber das Flussbett ist trocken. Dahinter wandern wir dann durch die Bildgalerie der Urnamibier, sehen den »Löwen mit dem abgeknickten Schwanz«, finden nach langem Suchen schließlich sogar »Adam und Eva«, eine der wenigen Menschendarstellungen in Twyfelfontein, und bewundern unzählige Springböcke, Kudus, Spitzmaulnashörner und Elefanten an den Felswänden. Sogar Giraffen, sonst eher selten abgebildet, sind vertreten. Im Gegensatz zum Brandberg mit der berühmten Malerei der »Weißen Dame« finden sich um Twyfelfontein hauptsächlich Gravierungen. Warum hier gemalt und dort geritzt wurde, ist eine der vielen noch ungelösten Fragen der namibischen Felsbildepoche.

Das auf den Felsen abgebildete Wild wird man in der Umgebung von Twyfelfontein vergebens suchen. Nashörner kommen in freier Wildbahn in Namibia nur noch im Etoscha-Nationalpark und auf dem Waterberg-Plateau vor; auch Elefanten und Löwen leben abgesehen von den »Wüstenelefanten« nur noch in den geschützten Arealen und im Caprivi. Begegnungen mit Antilopen, Pavianen und Warzenschweinen sind dagegen recht häufig, und auch auf der Fahrt von Twyfelfontein nach Norden zur Palmwag Lodge sehen wir mehrmals die schwarzen, mit Riesenhauern bewehrten

In Jahrmillionen legten Wasser und Wind die Granitkerne des Gesteins frei.

Eber samt Familien im Gänsemarsch und mit hoch aufgerichtetem Schwänzchen durchs Steppengras trampeln. Die Landschaft ist nun deutlich fruchtbarer; die Akazien erreichen imposante Höhen und breiten ihre Kronen über silbrig glitzerndem Gras aus. Springböckchen grasen friedlich in kleinen Gruppen, bis einer mit einem hysterischen Sprung Alarm schlägt und alle wie Gummibälle hüpfend davonstieben. In den Bäumen erspähen wir einen Graulärmvogel, dessen laut gekrächztes »Go away« angeblich das Wild vor Feinden warnt. Für uns wird sein morgendlicher Ruf die nächste Reisewoche durch Namibias Norden Weckerersatz sein.

Auf der Palmwag Lodge treffen wir auf ein buntes Durcheinander von campenden Motorradfahrern, hoch gerüsteten Jagd-Touristen, Expeditions-Reisegruppen und selbstständig reisenden Paaren und Familien. Die Lodge besitzt einen großen Zeltplatz, auf dem man mit etwas weniger Komfort, dafür aber näher an der Natur unterkommt. Er wird regelmäßig von Elefanten besucht, was gelegentlich zu kritischen Situationen führt, denn immer wieder verletzten Gäste die ehernen Regeln der Wildhüter und kommen den Dickhäutern zu nahe. Wir haben in der Lodge ein Zimmer gebucht, genießen den Sundowner auf der Terrasse und danach Straußensteaks. Palmwag, erzählen die Gastgeber, war ursprünglich Konzessionsgebiet für die Großwildjagd. Dann wurde es in ein Naturschutzgebiet umgewandelt, das von Privatunternehmen unter strengen Auflagen touristisch genutzt werden darf. Gejagt wird auf Palmwag nur noch selten und nach den vom Staat vorgegebenen Abschussquoten; dafür dürfen die Lodge- und Campgäste bei den Pirschfahrten durch das Konzessionsgebiet mit Kameras schießen. Der Wildreichtum ist sensationell, und wenn eine Begegnung mit »Wüstenelefanten« gelingt, sind nicht nur Touristen, sondern auch die einheimischen Wildhüter überglücklich.

Eigentlich könnte unsere Route jetzt von Palmwag direkt nach Osten zum Etoscha-Nationalpark führen. Aber wir haben schon vor Wochen einen Abstecher über die grandiosen Landschaften des Kaokoveldes im Nordwesten Namibias geplant und vorbereitet. Begleitet von einem kundigen Führer, ausgerüstet mit Proviant und Wasser für sieben Tage und natürlich einem Funkgerät für Notfälle, starten wir am nächsten Morgen ins Land der Himba. Wir sind gespannt, was uns erwartet.

Große und Kleine Spitzkoppe bilden eine Granit-Insel in der Namib-Ebene.

Ein Walfisch taucht bei der Erongo Wilderness Lodge aus dem Felsenmeer auf.

Landschaft am Rande der Erongo-Berge

Folgende Seite:
»Wollsack« wird diese eigentümliche Erosionsform des Granits genannt.

Wind, Hitze und Kälte haben das Granitgestein zu bizarren Skulpturen geformt.

Der Ahnenbaum Omumborongbonga darf nicht gefällt werden.

Wie verbrannte Haut platzt die oberste Gesteinsschicht des Granits auf.

Ein improvisierter Verkaufsstand im Damaraland; die einzige wirtschaftliche Hoffnung der Menschen hier ist der Tourismus.

Der buschige Schwanz dient dem Erdhörnchen als Sonnenschirm.

Perfekt passen die Bungalows der Lodge in die zerklüftete Landschaft des Damaralandes.

Granit-Pool: Die Movani-Lodge bietet Luxus pur in der Einöde.

Die Hausechse sonnt sich.

Folgende Seite: Ein Tierpark in Stein. Die urzeitlichen Jäger haben in Twyfelfontein alles Wild abgebildet, das man auch heute noch in Namibia findet.

ABENTEUER KAOKOVELD

Im Land der Himba

Das Kaokoveld, der Lebensraum der Himba, ist eine unzugängliche Gebirgsregion im Nordwesten Namibias, die im Westen an den »Skelettküste« genannten Teil der Namib grenzt, im Norden bis zum Kunene, dem Grenzfluss zu Angola, reicht und im Osten von den flachen Landschaften der Kalahari-Ausläufer, dem Ovamboland und der Etoscha-Pfanne eingerahmt wird. Bis zu 2000 Meter hohe Berge, tief eingeschnittene, von Rivieren geschaffene Täler und Hochebenen prägen eine Landschaft von eigenartigem, herbem Reiz. Durch den im Norden häufigeren Regen ist sie fruchtbarer als der Süden Namibias. Mopane- und Blutfruchtbäume, Makalanipalmen, falsches Ebenholz und der Ahnenbaum der Herero, der Omuborongbonga, bilden die Vegetation entlang der Trockenflusstäler.

Von Palmwag starten wir nach Norden, tanken in Opuwo ein letztes Mal und albern mit einer Himbafrau herum, die sich als Queen und ihre Mutter folglich als Queen Mum bezeichnet. Nachdem wir den beiden einige Armreifen abgekauft haben, machen wir uns auf den Weg entlang der Steilrandberge bis Otjitanda. Die Piste ist nicht so komfortabel, wie wir es aus dem restlichen Namibia gewöhnt sind. Sie geht immer wieder steil bergan und bergab, es gibt Passagen mit hartem »Wellblech«, Schlaglöcher und tiefe Querrinnen. Und noch etwas ist anders: Die Zäune sind verschwunden! Wir hatten uns so an das Netzwerk aus mal niedrigen, dann wieder hohen Zäunen gewöhnt, dass ihr Fehlen uns zunächst verwirrt. Und als hätte es noch eines weiteren Hinweises darauf bedurft, dass wir die »Zivilisation« verlassen haben, queren keine zwanzig Meter von uns entfernt Elefanten ein Rivier. Unser Führer Allan Langenstrassen mahnt zu Vorsicht und Ruhe. Anders als die an Menschen gewöhnten Dickhäuter in Etoscha, gelten ihre Artgenossen hier als unberechenbar und aggressiv.

Links: Besuch bei den Himba; die Halbnomaden treten Reisenden offen und neugierig gegenüber.

Um das 16. Jahrhundert begann in Nordostafrika in der Region des heutigen Kenia eine Wanderung Rinder züchtender Völker, die im Lauf der Jahrhunderte immer weiter nach Südosten vordrangen und schließlich den Kunene erreichten. Die meisten zogen nach Süden weiter; einige Gruppen aber blieben im Bergland, das heute Kaokoveld heißt. Während ihre Brüder, die Herero, im namibischen Hochland und im angrenzenden Botswana von Missionaren christianisiert und von der deutschen Kolonisation zur Sesshaftigkeit gedrängt wurden, blieben die Himba im Kaokoveld der alten Lebens- und Wirtschaftsweise treu. Als Nomaden folgten sie ihren Rindern zu guten Weiden, und bis zur Schaffung der Nationalstaaten bildete der Kunene für sie nur dann eine Grenze, wenn er viel Wasser führte und die Furten nicht passierbar waren. Bis heute akzeptieren die Himba die Grenze zwischen Namibia und Angola nur widerwillig; mit ihren Herden können sie sie nicht überschreiten, aber die Kontakte unter den Familien dies- und jenseits des Flusses werden aufrechterhalten, notfalls, indem man sich die Neuigkeiten über den Fluss zuruft.

Wir kommen auf unserem Weg nach Norden an mehreren Himba-Dörfern vorbei. Die konisch geformten Hütten sind mit Rinderdung verputzt. Kaum haben wir unser erstes Camp in der Nähe eines kleinen Dorfes aufgeschlagen, gesellt sich ein älterer Mann zu uns. Es ist Konaware, was soviel bedeutet wie »großer Mensch – kleiner Mensch«. Und er ist der Häuptling des Dorfes. Natürlich möchte er wissen, wer wir sind, wohin wir gehen und ob wir für ihn etwas mitgebracht haben. Ruhig setzt er sich zu uns ans Feuer und beginnt zu singen: Lieder, die seine Ahnen überliefert haben, fremdartige Melodien, die in der absoluten Einsamkeit der Landschaft eine faszinierende Stimmung erzeugen. Schließlich schlendert er zufrieden wieder zurück – seine Stimme ist noch von weitem zu hören.

Am nächsten Morgen besuchen wir das Dorf und übergeben Konaware zunächst unsere Geschenke: Maismehl, Salbe, Augentropfen und Schnupftabak. Die Himbas zeigen uns ihre Pontoks, ihr Vieh. Die Frau des Häuptlings reibt sich mit roter Farbe ein, dieser Mischung aus Tonerde und Butterfett, die Haut und Haaren nicht nur das typische Rot verleiht, sondern auch vor Parasiten schützt. Beim Abschied winken wir einander lange zu.

Hinter Otjitanda beginnt der spektakulärste Teil unserer Kaokoveld-Tour: die Passage über den Van Zyl's Pass zum Marienfluss. Fünfhundert Meter Höhenunterschied müssen dabei auf einer 15 Kilometer langen, nicht abgesicherten und kaum unterhaltenen Stein- und Geröllpiste bewältigt werden. Wenn Regenfälle die Piste beschädigt haben, sind die Reisenden gezwungen, sich als Straßenbauer zu betätigen: hier ein tiefes Loch auffüllen, dort den Pistenrand stabilisieren. Jede Serpentine erfordert vom Fahrer Millimeterarbeit, und mehrmals droht der schwere Wagen nach hinten oder über den Rand abzurutschen. Der Lohn dieses nervenzehrenden Unternehmens, für das wir zwei Stunden brauchen, ist das stille Tal des Marienflusses, in dem große Herden von Oryx-Antilopen und Springböcken weiden.

Das Nachtlager schlagen wir am Rand des Tals in der Nähe eines kleinen Himbadorfes auf und lauschen abends den Rufen der Himba, die uns mit Kind und Kegel besucht haben. Während das Lagerfeuer prasselt, verglüht die Sonne hinter der unendlichen Weite des Tals und färbt die Himbafrauen derart feuerrot, das man glaubt, auf einem anderen Planeten zu sein. Diese paradiesische Landschaft mit ihrer unglaublichen Ruhe und Großartigkeit ist für uns ein unvergessliches Erlebnis.

Durchs Hartmannstal fahren wir schließlich wieder nach Süden. Die nahe Skelettküste mit ihrem Wüstenklima schlägt sich ganz deutlich in der Vegetation nieder. Die Natur ist sehr viel karger, alles Liebliche ist aus ihr verschwunden. Auf dem Campingplatz von Purros begegnen wir im Trockenbett des Hoarusib noch einmal Elefanten. Dann kehren wir über Sesfontein zurück nach Palmwag.

Sundowner auf der Palmwag Lodge

Die Fellkappe tragen bei den Himba nur verheiratete Frauen.

Auch der Perlenschmuck zeigt den Status der Trägerin.

Frauensache: Pfeifenrauchen ist ein beliebtes »Laster« der Himba-Frauen. Noch werden andere Genussmittel wie Alkohol abgelehnt.

Oben:
Himba-Dorf
im Marienflusstal.
Frauen sammeln Holz,
um den Viehkral
auszubessern.

Nur ein kleines
Haarbüschel darf stehen
bleiben. Bereits kleine
Kinder werden
in traditioneller Weise
frisiert.

Folgende Seite:
In der Weite
des Marienflusstals:
Der Tag ist vollbracht.

Fellhauben und
Lederkleidung sind
traditionelle Attribute
der Himba-Kultur;
die Haut wird mit roter
Paste eingerieben.

Mit Steinen zerreiben die Himba Mais zu feinem Pulver.

Oben: Karge Landschaft von herber Schönheit: Das Kaokoveld ist eine der letzten Wildnisse Namibias.

Steinzeitliche Werkzeuge sind noch heute in Benutzung.

Die rote Erdpaste schützt auch die Haare vor dem Befall durch Parasiten.

Rechts: Viele Traditionen prägen das Leben der Himba noch wie in früheren Jahrhunderten.

In diesen Flaschenkürbissen wird Sauermilch geschüttelt.

Die Frisuren der Himba ähneln denen anderer afrikanischer Hirtenvölker.

Der Schmuck der Himba wird aus Lederbändern gefertigt.

Ringe und Perlen sind aus Kupfer.

Links: Wie lange werden Lebensstil und Weisheit der Alten noch überdauern? Auch die Himba sollen ihren Weg ins moderne Namibia gehen.

Vorsicht, nicht baden! Am Kunene lauern Krokodile auf unvorsichtige Wasserratten.

Oben:
Der Kunene bildet die Grenze zwischen Namibia und Angola.

Die Menschen im Norden Namibias fürchten die mächtigen Reptilien mit ihren messerscharfen Zähnen.

Himba mit traditionellem Lederkopftuch und Halsschmuck.

In der Einöde wird selbst Schrott zum Ereignis: Markierungspunkt »Red Drum«.

Folgende Seite: Am Rand des Hartmannstals zu campieren, ist ein beeindruckendes Erlebnis.

Weites, leeres Niemandsland …

… an der Grenze zu Angola

Dieser Steinkreis diente den Buschmännern als Versteck bei der Jagd.

Bizarre Felsformationen prägen das Hartmannstal.

Die letzten Sonnenstrahlen lassen die Namib aufleuchten.

Mit vier ES (Eselsstärken)

Eine Hererofrau mit typischer Kopfbedeckung

Oma schmaucht ein Pfeifchen.

Das alte Fort Sesfontein

Links: Der Hoarusib bei Purros führt ganzjährig Wasser.

DER ETOSCHA-NATIONALPARK

Wildlife zum Anfassen

Es ist später Nachmittag, als wir den südlichen Zugang zum Etoscha-Nationalpark passieren. Am Anderson Gate bekommen wir einen Laufzettel, dann wird das Tor geöffnet, und wir fahren auf schnurgerader Straße nach Norden. Kaum im Park, sehen wir die ersten Zebras an den Halmen knabbern, die zwischen Geröll und Kies sprießen. Die Landschaft wirkt unglaublich arid, trockener als die Umgebung Etoschas, wo Mopanebäume in lichten Wäldern wachsen. Eine Riesentrappe stolziert unbeeindruckt vom Motorenlärm am Straßenrand entlang, und in der Ferne schwanken die Silhouetten dreier Giraffen. Wie Strichmännchen sehen sie aus und wiegen elegant ihre Köpfe. Es muss einfach ein gutes Omen sein, wenn sich das Wild gleich zu Beginn so zahlreich sehen lässt. Ein weiteres Tor, dann befinden wir uns im Rastlager Okaukuejo, einer eingezäunten Oase am Rande der Etoscha-Pfanne. Wir geben den Laufzettel ab, zahlen die Besuchergebühr und erhalten einen Schlüssel für den reservierten Bungalow.

Drei solche Rastlager gibt es in Etoscha für Besucher, alle drei an der Pfanne gelegen, wildsicher abgeschirmt und sehr komfortabel. Verlassen darf man sie nur zwischen Sonnenauf- und -untergang, um entlang der Salzpfanne und auf vielen Neben-Pads Wasserstellen anzufahren und dort dann mit Glück das Wild zu beobachten. Abends und nachts finden aufregende Begegnungen mit Tieren in den Camps statt. Dort herrscht an den beleuchteten Wasserlöchern ein ständiges Kommen und Gehen; Nashornfamilien vertreiben Oryx-Antilopen, Gnus und Zebras drängen ans Wasser, Elefanten besetzten die Tümpel für Stunden, und gelegentlich schleicht auch ein Löwe oder Leopard aus der Schwärze der Nacht in den Lichtkegel der Tränke. Während die Camp-Bewohner gebannt auf den Reigen am Wasserloch starren, huschen in ihrem Rücken Schakale zwischen Zelten und Bungalows herum und suchen nach Essbarem.

Herzstück des Etoscha-Nationalparks ist die 5000 Quadratkilometer große Salz-Ton-Pfanne im östlichen Teil. Sie wird in der Regenzeit von Zuflüssen aus dem Norden gespeist und bildet dann einen See, auf dem riesige Schwärme von Rosaflamingos brüten. Die Landschaft um die Pfanne gliedert sich in mehrere Vegetationszonen: Dornstrauchsavannen, Mopane-Savannen und weite Grasflächen wechseln sich ab. Abgesehen von einigen Dolomithügeln um das Rastlager Halali ist sie völlig eben und gleichförmig. Nicht die Landschaft, sondern die Tiere stehen im Vordergrund: Zebras, Giraffen, alle in Namibia heimischen Antilopenarten, Trappen, Geier und Marabus, Erdmännchen, Warzenschweine, Hyä-

Links: Begegnungen mit Löwen gehören zu den Höhepunkten in Etoscha.

nen, Schakale, Nashörner, Elefanten, Geparde, Leoparden und schließlich die Könige: Löwen. Doch obwohl die Tiere nicht scheu sind und in den trockenen Monaten auch wenig Deckung durch Blattwerk finden, ist es gar nicht so einfach, sie zu entdecken. Eine halbe Stunde stehen wir beispielsweise an der Wasserstelle Ombika, wo man angeblich fast immer Löwen zu sehen bekommt. Nichts. Zebras, eine Oryx-Antilope, Streifengnus äsen in gebührender Entfernung; kein Tier kommt näher. Enttäuscht beschließen wir weiterzufahren, als sich plötzlich doch etwas regt. Hinter einem morschen Baumstumpf nehmen wir etwas Graugelbes wahr, es bewegt sich noch einmal, und dann stehen zwei ausgewachsene Löwinnen vor uns, keine fünf Meter vom Wagen entfernt. Ihre Anwesenheit hatte das übrige Wild von der Tränke ferngehalten.

Bereits 1907 erkannte die deutsche Kolonialverwaltung, dass die ungehinderte Großwildjagd diesem Naturparadies im Norden Namibias bald den Garaus machen würde. Sie erklärte die gesamte nordwestliche Region einschließlich des Kaokoveldes über 90 000 Quadratkilometer, zum Naturschutzgebiet. Seither wurde der Nationalpark stetig verkleinert. Einen radikalen Eingriff erlebte er 1962, als er auf seine heutige Größe, 22 000 Quadratkilometer, zurechtgestutzt wurde, um Farmland für die geplanten Homelands zu gewinnen. Für die großen Wildbestände Etoschas ist das Gelände eigentlich zu klein; Elefanten jedenfalls lassen sich durch keinen Zaun aufhalten; sie ziehen bis heute zwischen Etoscha und dem nördlichen Damaraland und gelangen gelegentlich sogar an die Skelettküste.

Wir sehen auf unserer Fahrt von Okaukuejo über Halali nach Namutoni viel Wild, nur Leoparden können wir nicht entdecken. Sie sind nachtaktiv und deshalb tags kaum zu beobachten. Für die eindrucksvollste Begegnung sorgt weder eine Raubkatze noch ein Grauer Riese. Auf einer Pad durch Mopanewald biegen wir um die Kurve und prallen beinahe mit einer Eland-Antilope zusammen. Nach einer Schrecksekunde rast sie in Panik ins Buschwerk und ist verschwunden. Diese winzige Zeitspanne Aug in Aug mit der größten Antilopenart Afrikas wird zur unvergesslichen Erinnerung.

Rechts: Sundowner am Wasserloch von Okaukuejo

Ein Zebrajunges wagt die ersten Schritte; stets bleibt es dabei in der Nähe der Mutter.

In Etoscha leben große Gnuherden.

Hartebeest oder Kuhantilopen lieben dichtere Vegetation und Wasser.

Die meisten Tiere lassen sich von den Besucherautos in Etoscha nicht stören.

Impalas zählen zu den elegantesten Bewohnern des Nationalparks.

Folgende Seite: Geparde können dank ihrer langen, muskulösen Beine immens schnell beschleunigen. Den kräftezehrenden Sprint halten sie allerdings nur kurz durch.

Die Vogelwelt Namibias ist von unglaublicher Vielfalt.

Mangusten zählen zu den putzigsten Bewohnern von Steppen und Savannen.

Giraffen bevorzugen die lichten Mopanewälder am Südrand der Pfanne.

Stets hektisch sind die Guinea Fowls (Helm-Perlhühner) im Busch unterwegs.

Aufmerksam beobachtet diese Impala die Umgebung.

Eine Begegnung mit Elefanten krönt jeden Etoscha-Besuch.

Rechts: Verspielt plantschen die Dickhäuter im Wasser. Nach den Winterregen verwandelt sich die Steppe in ein buntes Blütenmeer.

Ausruhen von des Tages Mühen. Gejagt wird bei den Löwen meist nur morgens.

Rechts: Unvergessliche Bilder und Stimmungen hält Namibia für jeden Besucher bereit. Etoscha mit seinen großen Wildherden ist nur einer der vielen Höhepunkte.

Namutoni

Schon im Jahr 1902 errichteten die Deutschen ein kleines Fort an der Stelle eines früheren Polizeipostens, da dort eine Quelle die Wasserversorgung sicherte. Es war mehr oder weniger ein Außenposten, denn mit dem Ovamboland hatte die deutsche Verwaltung wenig am Hut. Jenseits der Veterinärgrenze liegend, die Rinder vor der Maul- und Klauenseuche schützen sollte, überließ man die Einheimischen weitgehend sich selbst, nur ab und an zeugte ein Polizeiposten von fremder Präsenz. Das Fort Namutoni bestand anfangs nur aus vier Zimmern, einer Küche und einem Lagerraum. In die Geschichte von Deutsch Südwest trat Namutoni am 28. Januar 1904. An diesem Tag zogen sich sieben deutsche Farmer, Angehörige der Schutztruppe, in das Fort zurück und wehrten einen Angriff von mehr als 500 rebellierenden Ovambo ab. Die Angreifer versuchten bis in die Abendstunden das Fort zu erobern und zogen sich erst zurück, als 200 Mann tot auf dem Schlachtfeld lagen. Die Besatzung des Forts flüchtete noch in derselben Nacht im Schutz der Dunkelheit nach Grootfontein. Am nächsten Morgen wurde das verlassene Fort von den Ovambo unter Häuptling *Nehale* bis auf die Grundmauern zerstört.

1905 begann Graf *Wilhelm von Saruma-Jeltsch* an der Stelle des zerstörten Postens ein neues Fort zu bauen. Es entstand ein riesiger, lang gestreckter und mit Zinnen bekrönter Bau in strahlendem Weiß, mit über 40 Räumen, rund um einen großen Innenhof und mit vier mächtigen Ecktürmen. Die Quelle wurde gefasst, ein Schwimmbad für die Besatzung und eine Tränke für die Pferde und Kamele angelegt. Fort Namutoni galt damals als größter und schönster Wehrbau der deutschen Kolonien.

Nach dem Sieg der Unionstruppen 1915 begann Namutoni nach und nach zu verfallen, und 1938 wurde der Hauptturm durch einen Blitzschlag zerstört. 1950 besann man sich des historischen Erbes: Namutoni wurde unter den Schutz der *Historical Monuments Comission* gestellt und zum Nationaldenkmal erklärt. 1956 begann man Fort Namutoni wiederherzustellen, und ein Jahr später wurde es als Rastlager für Etosha-Besucher geöffnet. Hier hat man die Möglichkeit, in historischen Räumlichkeiten komfortabel zu nächtigen.

Einst deutsche Polizeistation, heute Rastlager im Etoscha-Nationalpark: Fort Namutoni.

DURCHS HEREROLAND NACH WINDHOEK

Bei den Buschmännern und am Waterberg

Die Heikom, eine der drei Untergruppen der namibischen San, nennen Etoscha »Großer weißer Platz«. Er sei entstanden, als eine Heikom-Mutter nach einem Massaker um ihr ermordetes Kind weinte und ihre salzigen Tränen den See füllten, erzählen die Alten. Bevor die Etoscha-Pfanne zum Kernstück des Nationalparks erklärt wurde, nomadisierten die Heikom in den Buschsavannen an ihren Rändern und ernteten auf der Pfanne das Salz. Mit der Errichtung der Zäune mussten sie ihren Lebensraum verlassen und nach Osten ziehen, wo an der Grenze zu Botswana das Homeland »Buschmannland« eingerichtet wurde. Auf dem viel zu kleinen Gebiet war es fast unmöglich, den traditionellen Lebensstil mit den weiten Wanderungen aufrecht zu erhalten. Und das Jagen war den San ohnehin fast überall verboten.

So verdingten sich viele »Buschmänner« als Jagdführer, Wildhüter und Farmarbeiter. Einige traten in die südafrikanische Armee ein, wo sie als Scouts ihre Dienste beim Aufspüren der SWAPO-Guerilla leisteten, die um die Unabhängigkeit Namibias kämpfte. Dieser Einsatz wurde ihnen nach dem Sieg der SWAPO zum Verhängnis. Als Verräter und Kollaborateure wurden sie drangsaliert, wo es nur ging. Bis heute stehen die San auf der untersten Stufe der namibischen Gesellschaft.

Die weißen Farmer im Norden Namibias hegen dagegen eine besondere Hochachtung für die Buschleute. Sie bewundern ihre phänomenalen Fähigkeiten, die Natur zu deuten und zu nutzen. Viele sind mit San-Kindern auf dem elterlichen Hof aufgewachsen, haben mit ihnen gespielt und deren Wissen und Fähigkeiten erlernt. Den Niedergang dieses Volkes erleben sie mit Entsetzen: Denn der Jagdgebiete und ihrer traditionellen Lebensform beraubt, flüchten die San in den Alkohol.

1989 wurde als Antwort darauf die Initiative Ombili auf Farm Hedwigslust nordöstlich von Fort Namutoni und Etoscha gegründet. Hier leben mittlerweile knapp dreihundert San in mehreren Dörfern und lernen, ihre Wirtschaftsform vom Jagen und Sammeln zum Ackerbau umzustellen. Die Kinder werden in der Schule unterrichtet, die Frauen in der Herstellung von Kunsthandwerk unterwiesen. Die resolute Ombili-Initiatorin und -Chefin Beate Mais-Rische verkauft die Produkte an Touristen und Souvenirläden, sammelt unermüdlich Spenden und verhandelt mit Regierungsstellen, die ihrem Projekt lange sehr abweisend gegenüberstanden, inzwischen aber doch nicht umhin können, es zu loben. Nach

Links: Als die San noch Herren waren über das südliche Afrika, durchstreiften sie Wüsten und Savannen mit Pfeil und Bogen; heute müssen sie sich an die Segnungen der Zivilisation gewöhnen.

dem größten Problem ihrer Arbeit befragt, nennt sie die Mentalität der San: Denn als Jäger hätten sie nie gelernt, planerisch zu arbeiten; sie hätten immer nur geerntet, aber nie gesät. Nun sollen sie Arbeitskraft und Zeit über mehrere Monate investieren, bevor sich mit der Ernte Erfolg einstellt. Ältere San dazu zu bewegen, ist nahezu aussichtslos. Ombilis Hoffnung ruht auf den Kindern.

Immer wieder treffen wir in Namibia auf private Hilfsprojekte. Die wenigsten sind so groß angelegt wie Ombili, oft sind es einfache Farmschulen für die Kinder der Arbeiter oder kunsthandwerkliche Initiativen, deren Produkte an Lodges und Geschäfte verkauft werden. Gerade in strukturschwachen Regionen wie dem Ovamboland oder dem Caprivi-Streifen in Nordostnamibia halten solche Arbeiten oft ganze Familien am Leben. Der namibische Staat tut zwar viel, um die Lebensbedingungen der schwarzen Bevölkerungsmehrheit zu verbessern, aber Arbeit kann auch er nicht herbeizaubern. Und inzwischen hat der rasante Anstieg der HIV-Infektionen im Norden und Nordosten ohnehin alle anderen Probleme überlagert. In der Behandlung und Pflege der Aids-Kranken, in der Sorge um die Aids-Waisen sind besonders christliche Missionen engagiert. Im Ovamboland und im Caprivi, den Regionen, die von der deutschen Kolonisation kaum betroffen waren, haben Missionare aus Deutschland, Schweden und Großbritannien im 19. Jahrhundert Stationen gegründet, die bis heute bestehen und für viele Menschen die einzig erreichbare Hilfe sind.

Von Namutoni führt uns unsere Route an Ombili vorbei nach Südosten zum Kupferdreieck zwischen den Städtchen Otavi, Tsumeb und Grootfontein. Die Region war jahrzehntelang Namibias Wirtschaftsmotor; die in den Karstboden getriebenen Minenschächte lieferten Kupfer, Cadmium, Blei – doch in den 1990er Jahren kam das Aus, die Minen waren nicht mehr rentabel. Den Farmern im Dreieck geht es hingegen deutlich besser als ihren namibischen Kollegen aus anderen Landesteilen. Die Karstregion birgt Wasser, das nur heraufgepumpt werden muss. An manchen Stellen werden sogar Mais und Kartoffeln angebaut.

Ganz langsam nimmt auf dem Rückweg nach Süden am Horizont eine dunkle Gebirgsmasse Gestalt an. Anfangs ist sie kaum mehr als eine feine, dunkle Linie gegen den flirrend heißen Himmel, dann wächst der flache, aber lang gezogene Bergklotz des Waterberges immer deutlicher aus der Ebene, und schließlich erreichen wir seinen Fuß. Rotbraun und mit grünen Büschen und Ranken bewachsen, schwingen sich seine Wände fast senkrecht über vierhundert Meter hoch aus dem Dornbuschveld; knapp fünfzig Kilometer lang und zwischen acht und sechzehn Kilometer breit ist das Plateau. Wie das Kupferdreieck ist auch der Waterberg reich an Wasser, das auf dem Plateau versickert und an den Hängen in Quellen wieder ans Tageslicht kommt. Bevor der Waterberg unter Naturschutz gestellt wurde, hatten Farmer an seinem Fuße Gärten angelegt, und auch die jetzige, wieder »wilde« Vegetation lässt erkennen, dass kein Wassermangel herrscht. Sogar Riesenbambus gedeiht hier.

Im Rastlager herrscht Pavian-Alarm. Die Affen sind so zudringlich, dass sie buchstäblich gegen Fenster und Türen der Gastbungalows hämmern, um an Nahrung zu kommen. Es bedarf ziemlich heftigen Gebrülls und gezielter Steinwürfe, um die Horde zu vertreiben. Keifend lauert sie hinter Buschwerk und Felsen darauf, dass wir die Steaks auf dem Grill einen Moment unbeaufsichtigt lassen. Auch die zierlichen Dik-Diks, die kleinsten Antilopen Namibias, sind erstaunlich zutraulich. Ohne Scheu grasen sie abends friedlich auf dem gestutzten Rasen zwischen den Häuschen des Camps. Zwischen ihnen trippeln Frankoline hektisch von Deckung zu Deckung, und in den Bäumen hören wir ein wahres Vogelorchester. Das Rastlager ist ein echtes Idyll, der Game Drive, die

Fahrt zur Wildbeobachtung am nächsten Morgen, ist dagegen eine einzige Enttäuschung. Stundenlang kurven die Fahrer mit den laut röhrenden Geländebussen über die roten Sandböden des Plateaus, doch in der dichten Vegetation lässt sich außer einigen Rappenantilopen kein Wild blicken.

Vor der Weiterfahrt statten wir dem kleinen Friedhof am Rande des Rastlagers einen Besuch ab. An den Gräbern von Angehörigen der Schutztruppe, die beim Herero-Aufstand 1904 den Tod fanden, liegen verwelkte Kränze. Noch knapp hundert Jahre nach der Schlacht am Waterberg treffen sich

Die San waren mutige Jäger und Überlebenskünstler.

Nachfahren der Kriegsbeteiligten jeden Jahrestag Mitte August, um auf dem kleinen Friedhof der Toten zu gedenken – nicht nur der hier beigesetzten Deutschen, sondern auch der vielen tausend Opfer unter den Herero. Wie viele es tatsächlich waren, werden die Historiker wohl nie abschließend aufklären können. Die negativsten Schätzungen belaufen sich auf dreißig- bis vierzigtausend Tote. Dagegen behaupten bis heute einige Ewiggestrige, die Herero hätten sich einfach in die Nachbarländer abgesetzt und den Völkermord durch die Schutztruppe nur vorgetäuscht.

Die Region zwischen Otjiwarongo und Okahandja ist Cheetah-Land. Gleich mehrere Farmen und Tierschutzprojekte arbeiten hier mit Geparden.

Namibia ist das Land mit der größten Geparden-Population Afrikas. Die Tiere leben nicht in den Naturschutzgebieten, sondern auf Farmland, und deshalb werden sie auch geschossen. Denn jedem Viehzüchter ist sein Kälbchen oder Schaf natürlich wichtiger als der Schutz der schnellen Raubkatzen.

Doch viele Namibier haben auch ein ganz besonderes Faible für Geparde. Sie lassen sich zähmen und dressieren wie Hunde, bekommen wir immer wieder zu hören. Auf Gästefarmen gehört es schon fast zum guten Ton, Cheetahs zu halten – natürlich artgerecht in riesigen Gehegen, aber so abgerichtet, dass die Gäste sie schon mal streicheln oder zumindest bei der Fütterung dabei sein dürfen. Gleich mehrere Stiftungen konkurrieren miteinander um den richtigen Umgang mit den Geparden: Die einen dressieren ihnen den Appetit auf Nutzvieh ab, die anderen versuchen, verletzte oder gefangene Tiere auf dem Gelände von Lodges auszuwildern, wo sie touristisch attraktiv, aber frei leben können. Als Erfolg verbuchen alle Organisationen, dass die meisten Farmer inzwischen darauf verzichten, zu schießen, wenn sie einen Gepard auf ihrem Land erwischen. Stattdessen informieren sie Tierschützer, die die Tiere einfangen und dann einen neuen Lebensraum für sie suchen.

Drei Wochen waren wir in Namibia unterwegs und haben doch kein einziges Mal einen afrikanischen Markt gesehen. Aber in Okahandja, der letzten Station vor Windhoek, ist es endlich so weit. Ein Heer von Schnitzfiguren aller Größen und Tierarten säumt den Straßenrand; dahinter dringt das Hämmern, Feilen, Sägen und Schnitzen unzähliger Handwerker aus einfachen Holzhütten und Werkstätten. Vom mausgroßen Elefanten bis zur mannshohen Giraffe wartet Afrikas Fauna in Holz auf Käufer. Wir erstehen ein dralles Flusspferd und Serviettenringe mit Giraffenkopf. Dann fahren wir die letzten 65 Kilometer zurück nach Windhoek. Eines ist sicher: Wir kommen wieder!

Wie Kinder überall auf der Welt schenken auch die jungen San solchen Weisheiten wenig Beachtung.

Auf Ombili werden mehrere hundert San betreut.

Älteren San fällt es schwer, ihre traditionelle Lebensform umzustellen.

Anstehen zum Essenfassen. Die Kinder lernen auf Ombili auch Kochen und Handarbeiten.

Ombili bewahrt viele San vor dem Elend an der Peripherie der Städte.

Pater Bernhard aus Holland ist seit 50 Jahren Missionar.

Die Kirche der Missionsstation von Nyangana

Schulbeginn in Nyangana

Pater Manfred Förg in seiner Kirche

Ein Riesen-Baobab in der Kalahari-Landschaft östlich von Etoscha. Nur kurze Zeit trägt er ein Laubkleid.

Besucher aus dem All: Der Hoba-Meteorit stürzte vor 80 000 Jahren auf namibischen Boden.

Waterberg

Der Waterberg ist für historisch Interessierte ein bedeutendes Besuchsziel, denn hier fand jene Schlacht statt, bei der vermutlich die Hälfte des Herero-Volkes von den deutschen Kolonialtruppen vernichtet wurde. 1873 hatte die *Rheinische Missionsgesellschaft* eine Missionsstation errichtet. 1896 installierte man zur Absicherung und Befriedung der Umgebung einen Polizeiposten. 1904 wurden Pläne bekannt, die Herero in ein Reservat östlich des Waterbergs zu verbringen. Die Betroffenen zogen gegen dieses Projekt in den Krieg, der noch im gleichen Jahr in der Schlacht am Waterberg gipfelte. Angeblich hatten sich dort 60 000 Herero – Männer, Frauen, Kinder – versammelt, die Schutztruppe unter ihrem Kommandeur General *Lothar von Trotha* stand ihnen mit 4000 Soldaten und kurzfristig ausgehobenen Hilfstruppen gegenüber. Von Trotha war nicht zimperlich. Erwischte man die Aufständischen lebend, so wurden die Führer umgehend gehenkt, der Rest kam in Lager. Die Herero wurden bei der entscheidenden Schlacht am 11. August zurückgedrängt und in das Sandveld der Kalahari getrieben – eine Wüstenlandschaft ohne Wasser und Nahrung. Nur 14 000 Herero sollten letztendlich zurückkehren. Auf jeden Fall zählte man nach dem Eintreffen der Überlebenden im Auffanglager zusammen mit den bereits gefangenen und im Lande verbliebenen nur noch 30 000 Mitglieder des Volkes der Herero. Umstritten ist bei den Historikern, ob tatsächlich 45 000 Menschen in der Wüste umgekommen sind oder ob die Herero sich teilweise im Nachbarland niedergelassen haben, das unter englischer Verwaltung stand. Man geht aber davon aus, dass wohl tatsächlich mehrere 10 000 Menschen in der Wüste verdurstet sind.

Von Trotha setzte sogar ein Kopfgeld auf Herero-Führer aus.

Nur wenige Herero kehrten, völlig ausgemergelt, aus der Wüste zurück.

Auf dem kleinen Friedhof am Fuß des Waterbergs befinden sich die Gräber der gefallenen deutschen Soldaten und Siedler. Im August findet jedes Jahr eine Feierlichkeit statt, zu der Herero, ehemalige Schutztruppensoldaten und deren Nachkommen sowie Südafrikaner der Schlacht am Waterberg gedenken.

Der Brandberg ist der höchste Berg Namibias.

Alte Kämpen unter sich: Sam Nujoma ehrte Fidel Castro mit einer eigenen Straße in Windhoek.

Umstritten: Der »Südwester Reiter« vor der Christuskirche soll weichen.

Meteoritenbrocken aus Südnamibia als Installation in Windhoeks Einkaufsstraße.

NÜTZLICHE REISETIPPS

Anreise
Flüge von Deutschland, Österreich und der Schweiz direkt nach Windhoek bieten Air Namibia und LTU an.
Die Air Namibia fliegt fünf Mal in der Woche ab Frankfurt direkt, zusätzliche Flüge nach Windhoek gibt es mit Stopover in Victoria Falls/Zimbabwe, Maun/Botswana oder Johannesburg bzw. Cape Town/Republik Südafrika. Infos zum Flugplan finden sich unter www.airnamibia.com.
Die Chartergesellschaft LTU fliegt zwei Mal pro Woche von München nach Windhoek (www.ltu.de).

Einreise
Deutsche, Österreicher und Schweizer benötigen zur Einreise einen Reisepass, der noch mindestens sechs Monate über das Ausreisedatum hinaus gültig sein muss. Bei der Einreise wird dann unproblematisch und kostenlos ein Visum in den Pass gestempelt, das je nach gewünschter Aufenthaltsdauer bis zu drei Monate gültig geschrieben wird.
Kinder benötigen einen eigenen Reisepass mit Lichtbild.

Informationen und Diplomatische Vertretungen
Namibia Tourism
Schillerstr. 42-44, 60313 Frankfurt/Main
Tel. 069/1 33 73 60, Fax 13 37 36 15,
www.namibia-tourism.com,
info@namibia-tourism.com

Botschaft der Republik Namibia
Wichmannstr. 5, 10787 Berlin
Tel. 030/2 54 09 50, Fax 25 40 95 55
www.namibia-botschaft.de

Botschaft der Republik Namibia
Strozzigasse 10–14, 1080 Wien
Tel. 01/4 02 93 74, Fax 4 02 93 70

Namibia Tourism
Continental Building, 272, Independence Av., Windhoek
Tel. 00264 61/29 06 000, Fax 28 42 364

Botschaft der Bundesrepublik Deutschland
Sanlam Centre, Independence Av. 154, Windhoek
Tel. 00264 61/27 31 00, Fax 22 29 81,
info@german-embassy-windhoek.org

Österreichisches Konsulat
P.O.Box 11848, Windhoek
Tel. 00264 61/22 21 59, Fax 23 23 53

Schweizer Generalkonsulat
26, Salk St., 1st floor, Windhoek
Tel. 00264 61/22 28 13,
Fax 22 01 04

Unterwegs in Namibia
Die meisten Namibia-Besucher buchen eine organisierte Gruppenreise oder mieten einen Wagen. Abgesehen von den Touristenzügen Shongololo Express und Desert Express existieren kaum öffentliche Verkehrsmittel, die auch Touristen benutzen können. In Windhoek gibt es eine ganze Reihe empfehlenswerter Mietwagen-Unternehmen (z.B. Caprivi Car Hire, Tel. 00264 61/25 63 23, www.caprivicarhire.de, und Kessler Car Hire, Tel. 00264 61/23 34 51).

In Namibia herrscht Linksverkehr; in Städten gewöhnt man sich durch den Verkehrsfluss relativ schnell daran, doch auf Überlandstrecken passiert es auch erfahrenen Lenkern immer wieder, dass sie beim Abbiegen auf die falsche Straßenseite wechseln.

Straßen werden in Namibia *pad* genannt. Die meisten Hauptverbindungsstrecken sind asphaltiert, auch viele Nebenstraßen haben Teerbelag. Erdstraßen werden von Scrappern regelmäßig geebnet. Man sollte sich durch den guten Zustand der Pads allerdings nicht zum Rasen verleiten lassen; vor allem auf den Pisten verliert das Fahrzeug schnell die Bodenhaftung. Autounfälle sind nach wie vor die häufigste Verletzungs- und Todesursache bei Touristen in Namibia!

Reisezeit
Namibia liegt auf der südlichen Erdhalbkugel, d. h. die Jahreszeiten sind den unseren entgegengesetzt. In den Winter und ins Frühjahr fallen die heißesten Monate sowie die Regenzeit, Sommer und Herbst sind kühler und trocken.

Zur Tierbeobachtung ist der namibische Winter ideal, denn das Wild ist gezwungen, die wenigen Wasserstellen aufzusuchen, und lässt sich so bestens beobachten. Allerdings können die Abende und Nächte empfindlich kalt sein.

Gesundheit
Neben den üblichen prophylaktischen Maßnahmen bei Fernreisen wie Tetanus- und Hepatitisimpfung sollte man sich vor Reiseantritt oder spätestens in Windhoek über die Malaria-Gefahr informieren. Betroffen sind die nördlichen Landesteile, die Grenze verschiebt sich je nach Jahreszeit bis in den Süden nach Windhoek. Der Winter gilt als weitgehend malariafreie Zeit.

Ausrüstung
Leichte, bequeme Baumwollkleidung ist ideal. Die sog. »Safari-Kleidung« gibt es in Windhoeks Ausrüstungsgeschäften meist günstiger zu kaufen als bei uns; auch Trekkingschuhe, Moskitonetze, Ferngläser, Wasserflaschen können deutlich billiger sein. Wer auf eine längere Tour in den Süden startet, sollte in Windhoek auch ausreichend Reiseproviant mitnehmen. Die Versorgungsmöglichkeiten außerhalb von Gästefarmen und Lodges sind beschränkt.

Übernachtung
Gästefarmen und Lodges stellen im ganzen Land einfache bis luxuriöseste Unterkunft zur Verfügung. Im Übernachtungspreis sind meist das Abendessen und das Frühstück inbegriffen; fast überall werden Fahrten zur Wildbeobachtung (Game drives) oder Farmrundfahrten angeboten; es gibt außerdem ein breites Freizeitprogramm (Reiten, Wandern, Tennis, Quad-Bikes). Traditionell essen alle Gäste mit den Gastgebern an einem Tisch; nur in größeren Lodges hat man diese kommunikative Praxis aufgegeben.

Eine namibische Besonderheit sind die Rastlager, die heute Wildlife Resorts genannt werden. Es handelt sich um Anlagen mit Zeltplatz, schlichten bis komfortablen Bungalows, teils auch Hotelzimmern in den Nationalparks und Schutzgebieten. Fast überall gibt es einen Winkel (Laden mit Lebensmitteln), ein Restaurant und einen Pool. Die Übernachtung ist preiswert und muss vorab reserviert werden, bei begehrten Rastlagern wie z.B. Sesriem (Sossusvlei), den Etoscha-Resorts sowie an Ferienterminen bis zu sechs Monate vorher.

Reservierungsbüro:
Namibia Wildlife Resorts
Tel. 00264 61 23 69 75, Fax 22 49 00,
E-Mail: reservations@nwr.com.na
www.namibiawildliferesorts.com

Reiserouten
Die in diesem Buch beschriebene Tour nimmt etwa drei Wochen in Anspruch, etwas gemütlicher lässt sie sich in vier Wochen abfahren. Touren ins Kaokoveld oder in den Caprivi sind auf eigene Faust nicht zu empfehlen; besser man vertraut sich einem Führer oder einer Reisegruppe an. Ideal für diese »entlegenen« Reiseziele sind Fly-in-Safaris. Die Reisenden werden mit kleinen Maschinen zu Basislagern geflogen, von denen aus sie dann die Region erkunden.

Fly-in-Safaris bieten verschiedene Unternehmen an. Empfehlenswert sind die Touren von Skeleton Coast Safaris (Tel. 00264 61/22 42 48, Internet: www.skeletoncoastsafaris.com) und von DAS (Tel. 00264 64/40 32 74, Internet: www.das.com.na).

Wir danken Hanns Michael Schindler, aus dessen Privatarchiv
die Schwarz-Weiß-Abbildungen stammen, und Vera Schauber für die perfekte Planung der Reisen.

Der Verfasser dankt den Firmen Leica Camera AG und dem Camera Werk Dresden
für die großzügige Unterstützung.

2. Auflage

Kartenskizze S. 4/5: Sebastian Schrank, München
Seitenlayout und Satz: VerlagsService Dr. Helmut Neuberger & Karl Schaumann GmbH, Heimstetten
Lithografie: Repro Ludwig, Zell am See
Druck und Bindung: Zanardi Group s. r. l., Padova
Printed in Italy
ISBN 978-3-475-53941-1